年轻人要懂点人情世故

Nian Qing Ren Yao Dong Dian Ren Qing Shi Gu

○ 赵幸幸 编著

天津科学技术出版社

图书在版编目(CIP)数据

年轻人要懂点人情世故/赵幸幸编著.—天津：
天津科学技术出版社,2011.5
　ISBN 978－7－5308－6350－3

　　Ⅰ.①年…　Ⅱ.②赵…　Ⅲ.①人生哲学－青年读物
Ⅳ.①B821－49

中国版本图书馆 CIP 数据核字(2011)第 086721 号

责任编辑:范朝辉　吴　頔
助理编辑:张翰东
责任印制:兰　毅

天津科学技术出版社出版
出版人:蔡　颢
天津市西康路 35 号　邮编 300051
电话(022)23332390(编辑部)　23332393(发行部)
网址:www.tjkjcbs.com.cn
新华书店经销
天津新华印刷三厂印刷

开本 710×1000　1/16　印张 15　字数 162 000
2011 年 5 月第 1 版第 1 次印刷
定价:29.00 元

前 言 *Preface*

　　很多人经常说"人在江湖，身不由己"，即使是英雄侠士也会有很多的无奈，更何况是我们。社会就好比一个云波诡谲的江湖，当你不得不从无忧无虑的青葱岁月迈入必须自己担当一切的成熟时代时，你是否也会有这样的困扰：为什么有些人可以飞黄腾达，有些人却只能穷困潦倒？为什么有的人可以功成名就，有的人却只能一事无成？每个人都只有一个大脑，为什么彼此的境遇会有千差万别呢？究其原因，是否掌握人情世故是关键因素之一。通晓人情世故是为人处世的制胜法宝。

　　那些春风得意、事业有成的人，大多数都深谙为人处世之道。社会是纷繁复杂的，红尘中也有太多的诱惑，在虚伪的面具背后总会隐藏着太多的潜规则。人生其实就像是一场游戏，只有掌握了游戏规则的人，才可以在这场游戏中玩得痛快，才可以玩出自己想要的一切。正如凤凰卫视《铿锵三人行》的主持人窦文涛所说："在这个江湖里混，你得通晓人情世故，什么话能说，什么话不能说，什么话得这样说，什么话得那样说。不通人情世故，恐怕连活下去都很困难。"

做人，是一门学问；处世，是一种艺术。许多人穷尽一生也未必能看透其中的真谛，只能浑浑噩噩过其一生。通晓为人处世之智慧，并将它运用到自己的为人处世中，才能做最好的自己，才能成就自己的人生。我们生活在一个现实而无奈的社会，很多的人和事并不会按照我们自己的意愿出现，既然我们无法改变周遭的环境，就只有改变自己，让自己去适应环境，才不致时时为难、处处碰壁。

本书以通俗易懂的语言以及贴近生活的实例，全面阐述了年轻人如何做人、怎样处世的智慧与方法。它可以教会你如何塑造完美的形象，如何培养成熟的心态，如何锻炼得体的语言，怎样与人交际，怎样灵活处世，等等。通晓书中的人情世故经验，可助你在漫长的人生路途上，乘风破浪、披荆斩棘，到达成功的彼岸。

目 录
Contents

1

第 3 章 *Chapter Three*

尽快脱去孩子气，培养成熟心态

第4章 *Chapter Four*

快速形成招人爱的性格

第5章 *Chapter Five*

别再把朋友理解成"玩伴"

第6章 *Chapter Six*

因为年轻，更要从低处做起

第7章 *Chapter Seven*

灵活处世，不走极端

第1章

Chapter One

从仪表上过渡为成年人

　　良好的外在形象是机遇的敲门砖，是个人魅力与风采的展现。注重形象的塑造，不只是外在的穿衣打扮，还要注意举止的得体。懂得适当包装自己也是对别人的一种尊重，用微笑展示自信，递好与人交往的第一张"名片"。

注重外在形象，递好第一张"名片"

美国人际关系学大师卡耐基曾说过："良好的第一印象是登堂入室的门票。"一语说中外在形象的重要性。没错，一个人的外在形象，尤其是给人的第一印象就好比人的第一张"名片"，它的得体与否直接关系到以后与人交往的成败。

在人与人交往的过程中，初次见面留下的第一印象常常是十分强烈鲜明的，它会成为正式交往的重要背景，对以后的接触起着强烈的导向作用。因此，塑造良好的外在形象，给对方递好这第一张"名片"，显得至关重要。

一个人的外在形象包括仪表、神态、言谈举止等。外在形象的好坏首先突出表现在着装上。一个人的着装不但直接凸显他的外在形象，还在很大程度上体现出一个人的身份、地位、内涵甚至能力。尤其对于进入职场的人来说，身着合适的职业装束更为重要。如果一位大公司的秘书小姐身着休闲装来上班，肯定让人大跌眼镜；而如果一位医生不穿白大褂，衣服穿得随意又凌乱，说话还唾沫星子乱飞，你肯定不敢找他看病。这都说明，符合身份的得体着装才能让人产生信赖感和安全感，否则就会遭到质疑。

李倩是某师范大学三年级的学生，想在毕业之前找份家教工作锻炼一下自己的能力。她努力向好几个孩子的家长推荐自己，说自己专业课如何扎实，如何有耐心，如何懂得孩子的心理等，但最终没有一位家长敢把她请到家里。究其原因，就是因为她求职时的穿衣打扮太时尚前卫，不是穿着破了好几个洞的牛仔裤，就是扎着一束火红色的马尾辫，还化了浓浓的眼妆。哪位家长见了她，都不能把她与家教老师画等号，谁还敢让她给自己的孩子补课啊？其实，凭李倩的能力和热情，完全能胜任一份家教工作，只是她的装扮给她的能力大大打了折扣。

俗话说："人靠衣装，马靠鞍。"在很多人眼中，衣着打扮体现着一个人的社会品味。很少会有人认为一个衣衫褴褛的乞丐满腹学识；相反，大部分人会认为一个衣冠楚楚的绅士有着深厚的教育背景。有时，衣装和谈吐的改变完全可以颠覆一个人的形象。在这点上，孙红雷新近主演的一部电影《窈窕绅士》给了我们颇有意思的诠释。

暴发户曾天高爱上了名模芳娜，但他穿衣随便，说话粗俗，上来就管人家要电话号码，请人家吃饭，不但把佳人吓得望而却步，甚至哇哇大叫。为了追到心上人，曾天高请一位公关经理来重新打造自己。经过一番精心包装，他不但穿上了绅士服装，学会了绅士礼仪，还练习了许多上流社会喜谈的话题。结果，在一个画展上，当包装成商业富豪的查尔斯（曾天高的洋名）对着达·芬奇的画侃侃而谈时，爱慕虚荣的芳娜早已认不出他，于是主动上来搭话，成为他的朋友。

从这部电影可以看出，打动佳人芳心的不是财大气粗，而是外在形象体现出的品味和地位。如果仅是一个暴发户，没有社会大众肯定

的外在形象和修养，那么只会让人避而远之。

良好的外在形象能促进良好的人际关系的建立和社交的成功。心理学家指出，人们普遍愿意接近那些衣着整洁大方、举止得体、气质高雅、精神面貌良好和谈吐真诚的人。你具备以上几点，才能给人留下美好的印象，才能让人接受你，喜欢你，进而与你建立友谊和信任。而有了彼此信任的桥梁的建立，你才能达到社交目的或商业合作目的。

在社会舞台上，不管什么人，都需要塑造一个良好的外在形象。尤其是二十几岁的年轻人，正面临求职或初入职场打拼，更需要注意这一点。因为多数面试考官都会从面试者的外在形象上去评判一个人是否有能力，如果你没能在第一时间给对方留下深刻的良好印象，那么你的简历很有可能会被弃之一旁了。所以，要想让别人肯定你，就必须注重自身形象的打磨。

众所周知，比尔·盖茨是微软王国的缔造者，他的才华和能力如今无人质疑。就是这样一位举足轻重的人物，当初在创造微软神话的时候，也是非常注重自己的外在形象的。

一次，比尔·盖茨将在拉斯维加斯发表一场主题为"信息在你的指尖上"的演讲。他自知演讲不是自己的强项，而为了突出自身的形象，取得大众的信服，使演讲产生更大的影响力和传播力，在演讲之前，他特意请了专业的演讲博士来为自己作演讲指导。这位专家经验丰富，曾帮助好几个电脑公司的高层经理克服演讲的恐惧。他从演讲词到手势、表情都为比尔·盖茨做了重新设计，他们在一起排练了十几个小时。而这次演讲，让所有熟悉盖茨的人都大吃一惊。那天比尔·盖茨一改往日慵懒随意的形象，身着一套昂贵的西装，以非常庄重的姿态站在演讲台上慷慨陈词。随后，"信息在你的指尖上"这场演讲迅速传遍美国，取得巨大的成功，比尔·盖茨的个人魅力也迅速得到提升。

在塑造外在形象上，对于普通人来说，我们当然不能像比尔·盖茨或一些富翁那样，花大价钱来精心包装自己，但掌握必要的穿衣打扮技巧还是很容易的。比如，平日多看一些有关服饰的书和杂志，就可以慢慢找到适合自己的着装风格。天生丽质的幸运不是每个人都有的，而后天的仪表美却是每个人都可以去追求和塑造的。曾经担任美国总统礼仪顾问的威廉·索尔比说："当你学会怎样包装你自己时，它就会给你带来优势。它是一种技能，是你能够学会的技能。"

一个人外在形象的好坏，直接关系到他社交活动的成败。塑造外在形象的关键就在于解决好形象的"焦点"问题：服饰和仪表是首先进入人们眼帘的，会在人们的心目中占有很大分量。穿衣得体，最基本的要求就是适合自己身份、符合交际场合。一个人穿衣的习惯，能让别人很准确地判断出他的审美观和性格特征。衣服样式过于老旧，会让人认为其刻板守旧；衣服样式太过超前，又会让人觉得其轻率固执、我行我素。这两种情况都会影响其在社交中的形象，进而影响人际交往。

尽管我们都不提倡以貌取人，要透过现象看本质，但在实际的人际交往中，我们当中的大多数人还是会犯以貌取人的错误。如果想要避免别人通过外貌对你下错误的定论，就要在平时注意自己的外在形象，尽量给别人留下良好的第一印象，只有这样才会为你争取到进一步展示自己能力的机会。

　　当然，一个人的外在形象并不仅仅包括着装，还包括言谈举止、表情姿势等能够反映人的内在品质的内容，即精神面貌，这就要求我们学会用恰当的身体语言和微笑拉近与周围人的距离。在日常生活中，我们要注意自我修炼，正视自己，不断学习和充实自己，适时展现自己的气质和风采，在不断的积累中打造自己独特的外在形象。

处世箴言

　　良好的外在形象不仅仅是取得一次面试成功或获得某一次机遇的敲门砖，还是铺垫漫漫人生路的必不可少的基石。它沉淀得越深厚，处于社会中的你立足越稳，越能在人生的舞台上挥洒自如，展现自己独特的个人魅力和风采。

得体的举止能彰显气质

　　举止，是一种无声的语言。有位哲学家说过："行为举止是心灵的外衣，它不仅可以反映一个人的外表，也可以反映一个人的品格和精神气质。"正因为行为举止能反映一个人的内在修养，所以它在人与人的交往中尤为重要。

　　气质是一个人内在修养的不自觉外露，能够通过日常的言行举止、待人接物等细节表现出来。气质不是天生就有的，而是后天培养出来的。当一个人以优雅的谈吐、大方的举止与你交往时，你也会有一种舒适、自然的感觉。

　　气质不是用华丽的衣服穿出来的，也不是用名贵的化妆品化出来的。有的人外表光鲜亮丽，却满口脏话；有的人美若天仙，却素质低下。尽管这些人留给别人的第一印象是美好的，但是随着交往的深入，了解的加深，他们不仅不会更加让人喜欢，反而会引起别人的反感。反之，有些人尽管衣着朴素、外表一般，但是其高雅的谈吐、优雅的举止总是会给人留下深刻的印象，并赢得别人的喜爱。这是因为前一类人只是注意了自己的外表，而忽略了内在的修养，只能是"金玉其外，败絮其中"；而后一类人则十分注重内在品质的培养，在举手投足间展现出了自己的风度与气质。

言行举止是一个人精神面貌的体现，恰当的言行举止能够拉近人与人之间的距离，不恰当的表达和行为则会引起别人的反感。何谓"恰当"？意即得体、正确、自然，不可矫揉造作，不可过分夸张。

某公司在报纸上登广告，需要招聘一名经理助理。大约有二十几个人来公司面试，最终老板从中选择了一个男孩，这个男孩并不是最优秀的。有人问老板："您为什么会选中他呢？他既不是别人推荐过来的，看起来也没有什么出众的地方。"老板说："实际上，他带来了很多'介绍信'。他在进门之前，先在门口蹭掉了鞋上带的土，进门后随手关门，这说明他做事仔细、小心；当他看到那个跛脚的老人时，立即起身让座，这说明他心地善良；进办公室之后，我让他坐下，他向我道谢之后才入座，说明他懂礼貌；我问他的几个问题，他都能回答得干脆、果断，说明他有丰富的学识。我故意将报纸扔到地上，其他应聘者不是直接从报纸上走过去，就是看到了也无动于衷，只有他俯身捡起报纸并将它放到桌上。而且，他的衣服虽然不是名牌，却十分整洁。他的头发整整齐齐，他的指甲干干净净。这样的一个年轻人，他带来的'介绍信'岂不更具权威性？"

培根说过："人们的举止应当像他们的衣服，不可太紧或过于讲究，应当宽舒一点，便于工作和运动。"这就告诉我们，在日常的生活中，我们的一举一动、一言一行都要做到张弛有度。大凡成功人士，多是给人温文尔雅、文质彬彬的感觉，令人肃然起敬。事实上，这些得体、优雅的行为举止都是经过长期的自我培养、自我锻炼而成的。我们主要可从以下几个方面注意自己的举止。

（1）注重个人卫生。良好的卫生习惯既是对自己的尊重，也是对他人的尊重。如果白衬衫领口、袖口变了颜色，头发太油以致分绺、头皮屑乱飞，手指甲过长且指甲缝积满污垢，等等，这些不良的卫生习惯只会让人对你避而远之。因此，在日常生活中应勤洗澡、勤换衣服，给人以清新、自然的感觉。

（2）正确运用眼神。眼神是最具感染力的表情语言，运用得恰当会让人觉得你魅力无穷，而且能很快明白你要表达的意思；但如果运用不恰当，媚眼乱飞，则会给人轻佻的感觉，并且可能引起不必要的误会。与人说话交流时看着对方的眼睛，是对对方的一种尊重，也是对双方所讲内容的重视。如果在交谈时眼神飘忽不定，可能是你不自信的表现，也可能让对方误会你忽视他，以致谈话达不到预期的效果。眼睛是心灵的窗户，眼神也可以折射出一个人内心的纯度。

（3）规范日常姿势。我国古代有"站如松、坐如钟、行如风"的审美标准，其实这个标准放到现代亦适用。站，是一种静态的美。站立时，抬头、挺胸、收腹、面带微笑、双臂自然下垂，是基本的姿势。站立时，不宜有驼背、屈腿、弯腰、双手插兜等动作，因为那样会给人很随便的感觉，会让人在心里给你的印象减分。坐，也是一种静态的美。正确的坐姿会给人优雅、端庄、稳重、自然大方的感觉。不论何种场合，入座或者站起来时，坐椅不应发出声音；坐定之后，上身要保持端正，双手不可随处乱放，女性两膝不宜分开。如有跷二郎腿的习惯，应该注意脚尖不宜直指对方，因为那是对别人不尊重的表现，而且也让别人觉得你这个人很随便、轻佻。行，是一种动态的美。在行进过程中，要抬头、挺胸、双肩自然放松，两眼平视前方，面带微笑，自然摆臂。正确的行走姿势能给人一种轻快、自然的感觉。相反，如果走路时扭动幅度过大，男士会让人觉得流里流气，女士会让人觉得不够端庄。

除此之外，日常生活中得体的举止还有其他方面，比如点头、握手、拥抱等。点头经常用来与人打招呼，是最常使用的礼貌动作。点头时，两眼应该望着对方，面带微笑，等待对方有回应之后再转向他方。握手自古至今就是一种比较常见的相见礼节。与人握手时，戴手套、心不在焉、伸左手等都是非常不礼貌的行为，在日常交往中要格外注意。拥抱能表达亲密情感，通常用于外事迎来送往的场合，久别重逢的特殊场合也可以使用。但拥抱要注意分寸，尤其是异性之间，太过热情会让人误解。

在商务活动或是社交场合中，得体的举止更为重要。比如起立，在正式的场合中，如果有长者、尊者到场或离开，都应该起立表示敬意。再如鼓掌，重要人物出现、精彩演讲结束时，都应该用掌声来表达自己的敬意和赞赏，但掌声不宜太过突出，以免让人觉得你是故意的或是起哄。如果到朋友家聚餐，主人示意开始之后方可进餐，且用餐过程中不宜大声喧哗，餐具不宜发出声响，滴汤掉菜的现象更是要格外注意，这些细节都会给人留下不好的印象。

任何人都不可能脱离社会独立存在，在人与人的交往中，一个眼神，一个表情，甚至一个小的手势、动作，都可以表现出一个人的内涵与修养。因此，在日常生活中，我们都应该注重言行举止的培养，既要保持完美的外在形象，又要注重丰富的内在涵养。

处世箴言

不论是何种场合，每个人都应该注意自己的言行举止，恰当地运用得体的举止，不卑不亢，温文尔雅，充分地表现出你的修养与风度。美丽的外表，只是一种外在的表现；只有得体的举止、优雅的风度才是走进人心的通行证！

别让小动作破坏整体美

惠普创始人戴维·帕卡德说过："小事成就大事，细节成就完美。"一个不经意的小动作，通常能够反映出一个人的修养。现今社会可以说是一个细节制胜的时代，不论做任何事情，都需要注意细节，千万不可在万事俱备的时候让一些习惯性小动作破坏掉自己的努力成果。

二十几岁是人生的黄金期，也是人生的困惑期。当我们懵懵懂懂地从学校步入复杂的社会时，最大的困扰就是理想与现实之间的矛盾：为什么自己这匹千里马遇不上慧眼识才的伯乐？为什么高学历、高能力，都没有成为进入名企的敲门砖？也许你满腹经纶，也许你的准备十全十美，却依然没有得到那个梦寐以求的机会。那么你有没有想过，可能就是你在细节之处的忽略，或是你的一些不经意间的小动作，就将你的才华与能力彻底抹杀了？

张洁是一家外企公司的招聘主管，他坦言，公司用人不只是注重学历、能力，更重要的是看应聘者于一些细微之处表现出来的人格品质。上个月公司举行了一场别开生面的招聘会，连续两天通知应聘者来公司面试，但最后聘用的只有一个人，就是张洁目前的助理小王。

原来，两天的面试程序基本上是一样的。每天将近有二十个人来公司面试，会有专门人员将应聘者带到会议室，然后就是等待。在将近一个小时的等待过程中，有的人很不耐烦，频频看时间；有的人拿出手机打电话或是玩游戏；有的人跷着二郎腿跟周围的人聊天；剪指甲、挖耳朵、打哈欠之类的动作更是存在；有的人甚至直接离开。但只有一个人跟别人不一样，他自始至终没有表现出一点的不耐烦，而是将会议桌上的公司简介材料拿来仔细研读，期间还顺手整理了一下凌乱的会议桌。一个小时之后，秘书通知小王一个人去经理办公室面试，其他的人可以回去了。当众人面面相觑的时候，秘书调出了刚才会议室的录像，他们这才明白自己刚才在等待的过程中都做了些什么，自己的那些不经意间的小动作是多么地滑稽、可笑，所以只能懊恼地离开了。

机会只有一次，也许你的外表比任何人都出众，也许你的能力比任何人都出色，但是或许恰恰就是那些你平时忽略的小动作破坏了你的完美形象，让你之前的努力付诸东流。一个不经意间的小动作，可能毁掉一个人，也可能成就一个人。在实际生活中，并不是只有那些轰轰烈烈的伟大创举可以缔造成功，那些平平淡淡的藏于细微之处的"小动作"更可以反映出一个人的真实品质。

2009年年底，一部描述人类心理学的美国电视剧《别对我撒谎》在荧屏上热播，之后一个热门词语出现在人们的视野中，就是"微表情"。微表情包含眨眼睛、摸鼻子、抿嘴、挠头、抖腿等表情或小动作。微表情，你注意到了吗？

大学生心理咨询专业委员会于2009年发布过一份《中国大学生面试压力调查》，调查显示：82%的毕业生在面试时会做出各种小动作，如眼光闪烁、摸鼻子、不断抿嘴、挠头、摸眼镜等不自然的微表情。

山西华图培训学校的王凌云老师教授的就是礼仪培训课，她曾说过："其实每个人在生活中都会有一些口头禅、习惯性小动作或下意识的表情，这种现象普遍存在，但是因为不经常处于聚光灯下，不经常自己观察自己，所以一般不会注意到。"山西省社科院研究院吴小惠也曾表示："信息的传递有70%是靠非语言符号进行的。"俗语有云："说话看其相，举止观其人。"言谈举止代表了一个人的形象。有的人说话不超过三句，就可以知其人；看一个人的走路姿势，也可以看出这个人是否有教养。

其实，微表情一般表现在一眨眼的工夫，但往往正是这一瞬却能够准确反映出人在某种场合下的心理状态。这些不经意的习惯性小动作往往会影响一个人的形象，进而影响到你的人际关系。所以，在日常生活中，我们都应该注意到那些有可能暴露我们弱点的小动作，并加以改正。现实生活中，你是否也曾被微表情"陷害"？

有的人会习惯性地翻白眼或撇嘴，也许你本人并没有想要表达什么意思，但是，这会让你对面的人觉得你的动作或表情是对他的不尊重甚至蔑视。而且这种表情会严重破坏你的人际关系，没有人会喜欢跟一个动不动就翻白眼的人做朋友。

手是我们完成动作的最主要器官，而出毛病最多的也是我们的手。仔细观察一下，看看你或是你身边的人，有没有手部的习惯性动作：用手捂鼻子，不停地搓耳朵、摸头发，甚至是在公众场合抠鼻孔、挖耳朵等。这些小动作，可能表现你内心的不自信，可能表现你的过度紧张，也可能会让人直观地认为你是一个比较随便、不讲卫生的人，这些都会让你在别人眼中的形象大打折扣。

有的人只要坐下就会习惯性地抖腿，也不管整张坐椅都被他的抖动弄出声响了，别人向他投来的目光也只能让他有暂时的收敛，过会儿就又原形毕露。在公共场合不停抖动双腿，会让人的视线很不舒服，而且也会让人觉得这个人没有规矩。

有的人自律性很差，在公众场合一点也不顾忌。耳朵痒了，看见能用的东西就随手拿来掏耳朵；头皮痒了，就马上开始挠头，以致头皮屑满天飞；吃完饭之后毫不掩饰地剔牙，还将碎屑到处乱吐。这些小动作，尤其是在用餐或应酬的场合，不仅不雅观，而且是一种很不礼貌的行为。

公共场所比较常见的不良小动作，还有诸如揩眼屎、擤鼻涕、打哈欠等，这都是会影响一个人的形象的不文明举止。王凌云教授分析说："多数人在其一生之中或多或少地都会有一些不好的微表情、小动作，这很正常，不必沮丧。但是，这些细微的小动作要引起我们的重视。"战略决定成败，细节成就完美，别让一些不起眼的小动作在关键时刻成为破坏全局的罪魁祸首。

处世箴言

"不矜细行，必累大德"。换言之，一个人如果在平时不注重小节，必将有损其品德修养，以致犯下大错。外表的完美不代表心灵的完美，一些不经意间的小动作很有可能让人对你避而远之。因此，我们一定要学会从细节上"约束"自己的小动作、小习惯，使自己真正地成熟与完美起来。

让包装起到画龙点睛的作用

　　所谓"郎才女貌"是绝配，好的东西自然需要美的东西来搭配、来衬托。良好的第一印象最直观的表现就是仪容仪表。懂得适时包装自己，不仅能为自己在人际交往中赢得加分，也是对其他人的一种尊重。

　　时下的网络流行语中有这么一句："长得丑不是你的错，但长得丑还出来吓人，你就大错特错了。"的确，长相不是我们可以左右的。但是俗话说"七分长相三分打扮"，懂得适当地包装、修饰自己，扬长避短，照样可以在人际交往中为自己增光添彩。

　　电影《炮制女友》中，富商张某找回自己失散十多年的女儿之后，为表达自己对女儿的歉意，在物质上极尽奢华地满足女儿。但是，自小在农村长大的张宁对于穿衣打扮实在一窍不通，她的出场总会引起巨大的"轰动"，生日宴会也可以把客人吓得一个不留。之后，张某为女儿聘请了一位形象设计师。最初，这位形象设计师只是觉得这份工作简单又好赚钱，并没有用心去为张宁着想，在日常的设计上依然沿用了张宁以前那种夸张至极却并不适合她的造型。但是，随着设计师和张宁的每日相处，设计师渐渐发现张宁内心的美丽，并为之动情。于是，他开始认真地观察张宁并用心地为她设计适合她的造型。在张某的公司周年庆典上，张宁的亮相又一次引起全场"轰动"，但不同于以前的是，这次她用美丽赢得了全场所有人的赞叹与欣赏。

现代包装既是一门学问，也是一门艺术。适当地对自己做一些美化包装，可以给人眼前一亮的感觉。这种美感对于营造自己良好的第一印象极为重要，而且在以后的交往中，这种美感也会持续地影响他人对你的认知评价。

"佛要金装，人要衣装"。衣服不一定必须是名牌，但要适合自己，还要符合场合身份。二十几岁的年轻人正面临求职或是初入职场打拼，对于穿衣打扮要格外重视。因为，在良好的机遇面前，你的妆容既可能是敲门砖，也可能是阻力墙。

如果是参加面试，对男生而言，一套素净的西装，一条颜色明亮的领带，以及一双与西装同色系的皮鞋，就足以体现出现代年轻人的活力与稳重。但在选装之前需要注意，西装的样式应避免过于老旧，衣服应避免有褶皱，面试前一天应熨烫笔挺。领带的颜色不宜太过鲜艳而显得花哨，也不宜太过暗淡而显得过于老成；领带要打正，要平整，尽可能地别上适合自己的领带夹。如果你戴眼镜，镜框的选择最好能给人稳重、大方的感觉。

对女生而言，面试时着裙装、套装是比较合适的着装。裙装的长度应在膝盖上下，太短则有失庄重。正装的颜色以淡雅为宜，颜色勿过于花俏，也不宜太过老成，样式不宜暴露。一双黑色或与正装同色系的高跟鞋，可以体现女性独有的曲线美，这也是对招聘公司的尊重。适当的化点淡妆，会给人清新靓丽的感觉，切忌浓妆艳抹。面试时也可以适当地擦拭香水，香水的味道以清新、淡雅为宜，应避免浓烈、刺鼻的味道。

如果是交际场合，不论是正式、非正式的聚餐或宴会场合，对男士而言，以较为正式的西装为宜。领带的色调可稍微华丽些，手帕、领结或袖扣的佩戴可比较随意。

对女士而言，洋装或晚礼服是不错的选择，妆容也可略为加强。需要注意的是，无论男士或女士着装都不可过分出位，应以展露修养与气质为宜。

发型的选择须契合自己的脸形与气质。对男士而言，头发不宜太长也不宜太短。头发太长会给人流里流气的感觉，毕竟没有几个人是真正的"艺术家"；头发太短也不合适，比如军装头，会让人有一种你很硬气的感觉，感觉不好相处；光头就更不用提了，职场上没有谁是郭冬临，也没有谁是李进。因此，对男生来说，头发的干净整齐是最为重要的。

就女士而言，齐耳短发能给人清新俏丽的感觉，垂顺的中长发或半长发则给人知性、稳重的感觉。发型与脸形搭配得当，可以充分展现个人的性格与魅力。如果是方形脸，发型应注意柔和脸颊，刘海比较适合以不等或整齐方式设计，或者与两侧鬓发连接，以突出个性；如果是圆形脸，比较适合超短或整齐的刘海来调整脸形；心形脸（倒三角形脸）的下巴比较窄，做发型时头发的长度以超过下巴两厘米为宜，并向内卷曲，以增加下巴的宽度，也可以烘托出年轻人的活泼朝气；梨形脸（正三角形脸）的头部及额部较窄，下颚部较宽，刘海最好剪成齐眉的长度，隐隐露出额头即可，更应该注意用较多的头发来修饰腮部。

奥林匹娅·杜卡基斯在电影《铁木兰》里说："我们和动物唯一的不同是，我们懂得佩戴饰品。"的确，一件好的衣服可以为我们的形象增光添彩，而一件小的配饰往往可以发挥锦上添花的作用。

　　独具风格的女人都知道怎么巧妙地利用配饰，跟衣服搭配，从而起到不同的效果，比如奥黛丽·赫本和她的纱巾，伊丽莎白·泰勒和她的珠宝。这些女人很清楚，如果你戴着自己最华丽的配饰去参加宴会，那么你就完全不必再穿一件标新立异的连衣裙了。奥黛丽·赫本之所以可以从一堆美女中脱颖而出，就在于她永远穿着得简洁大方，还有她纱巾的独特佩戴方式——她把纱巾系在脖子、帽子、头发和腰上。多数时候，伊丽莎白·泰勒只穿一条雅致的黑色或白色无袖连衣裙，但是她的珠宝首饰却足以突出她的个性，好像在向众人宣告：伊丽莎白来了……伊丽莎白有过8次失败的婚姻，但是她永远不会放弃她的珠宝，她就是这样的一位女人——对于珠宝首饰有着狂热的追求。

　　配饰也像熟悉你的朋友一样，它们可以告诉这个世界，你是一个什么样的人，而搭配饰品的关键就在于保持自己的个性，展现自己的品位。一款简单的背包，一副精巧的耳环，一块式样独特的手表，一只具有民族特色的手镯，等等，这些都可以成为展现你个性的小小点缀，也能体现你的独特品味。

处世箴言

　　长相是与生俱来的，俊男美女的幸运不是每个人都可以拥有的，但是后天的装扮与塑造却是每个人都可以做到的。精巧地装扮自己，相较于内在而言更可以凸显自己的优势。懂得包装自己，是在人际交往中不可或缺的点睛之笔。

借微笑说出自己的友善

　　卡耐基说过："笑容能照亮所有看到它的人，就像穿过乌云的阳光，带给人们温暖。"微笑是一种宽容，一种接纳，它拉近了人与人之间的距离，使人与人之间心灵相通。微笑，是人际交往中最富吸引力、最令人愉悦也最有价值的面部表情；微笑，能够表达自己的友善，促进人际交往。

　　微笑就像一缕和煦的柔风，将你的愉悦吹拂到别人的脸上，让别人也感受到你的愉悦与和善。当你向别人微笑的时候，你会发现别人也一定在向你微笑。也许你的微笑并不是漂亮的，但一定要是温柔的，一定能够让别人感受到你心灵的宁静与平和。此时，大家的感觉也都会是一样的——天空是湛蓝的，世界是温暖的。

　　有句话说得好："你不能决定生命的长度，但可以控制它的宽度；你不能左右天气，但可以改变心情；你不能改变容貌，但可以展露笑容。"事实的确如此，一个简单的微笑，也许可以化解不必要的误会，也许可以使陷入僵局的事情豁然开朗，也许可以创造奇迹。

　　几年前，在底特律的哥堡大厅举行了一次盛大的汽艇展览。在这次展览会上，不论是什么人，不论是小型帆船还是豪华油轮都可以买到。期间，有一位来自中东某一产油富国的富翁，起初看中了一艘价值2000美元的小型帆船。当他对一位推销员说"我想买下这艘帆船"的时候，推销员看着他普通的装束，以为他不过说说而已，只是在浪费自己的时间，就没有多加理睬，而且脸上表情冷冰冰的。这位富商很生气，他看着那没有笑容的推销员，没有说什么就走开了。他继续参观，走到下一艘陈列的小型帆船面前时，他对另外一位推销员说的是同样的话。但与之前不同的是，这位推销员自始至终都是满脸热情的微笑，并且又为他详细介绍了这艘小型帆船的具体情况。结果，这位富商不只购买了这艘价值仅仅2000美元的小帆船，还另外购买了一艘价值2000万美元的豪华汽船。

这位富商对第二位推销员说："我喜欢你的微笑，你是这次展览会上唯一让我感觉到我是受欢迎的员工。"

你看，一个小小的微笑，其力量是多么地惊人。在美国，有一个被称为"微笑之都"的地方，那就是爱达荷州的波卡特市。在那里有一条奇特的法令：凡是在公共场合愁眉苦脸的人，将会被送到"微笑站"进行再教育，直到你学会微笑之后才可以离开。微笑是人类共同的语言，它不分国界，没有地域的限制。即使语种不同，一个微笑也可以让彼此成为朋友，因为你的微笑会让对方有"我被接受"的感觉，也可以让对方感受到你的和善与友好。

李鹏是物流公司的总经理，由于父亲以前是军队领导，对他的管教十分严格，以致养成了李鹏严肃、刻薄的性格。在公司，他对待下属十分严苛，不苟言笑，下属与客户对他也是敬而远之；在家里，他的一张"扑克脸"也让家人不愿接近他。因此，他的生意以及人缘都不是很理想。后来，他的一位研究人际关系学的朋友帮他找到了症结，此后，他慢慢地学会了微笑，无论是在家里还是在公司，无论是在走廊里还是在电梯里，无论是在公司门口还是在商场，他逢人就露三分笑，并且像普通职员一样真诚地与人握手交谈，而不像以前那样高高在上。一段时间之后，李鹏的公司业绩蒸蒸日上，整个公司的氛围也比以前融洽了许多，他的人际关系也得到了改善。

李鹏后来对妻子说："当我开始对下属、顾客微笑时，大家都很迷惑、惊讶，后来就是赞许和欣喜了。这两个月来，我得到的快乐比过去一年中得到的满足感与成就感还要多。现在，我已经养成了微笑的习惯了，而且我发现，我微笑的时候别人也在对我微笑。"

微笑是一种感性的美，一个微笑面孔也许就是一次希望所在，也许就是一次成功的开始。因为一个人的笑容就是他友好与和善的信使，微笑可以照亮所有看到它的人。俗话说："伸手不打笑脸人。"没有人喜欢帮助那些整天皱紧眉头、愁容满面的人，他们也不会赢得别人的信任；而如果你有求于人，那么首先绽放一个真诚的笑容，事情也许就会出现转机。

《孟子》中有"天时不如地利，地利不如人和"的说法，而微笑最易营造人和的氛围。懂得微笑是一个人最基本的素质，是一家公司最有效的名片，它比任何广告宣传都要有影响力，因为它能够深入人心。世界著名的希尔顿饭店，其创始人康拉德·希尔顿就十分注重微笑对企业发展的重要作用，他说："如果我的旅店只有一流的服务，而没有一流的微笑，那就像一家永远见不到温暖阳光的旅馆，又有何情趣可言呢？"

微笑对于生活中的每一个人都很重要，而微笑在不同的场合也可以表现不同的内涵，体现不同的人生价值观。接受批评时微笑，说明你敢于承认自己的错误但不诚惶诚恐；接受荣誉时微笑，说明你内心充满喜悦但不骄傲自满；困难来临时微笑，用笑脸去迎接厄运，用勇气来应对不幸，说明你有战胜困难的勇气和决心；而当发生摩擦或冲突时，适时后退一步并绽放微笑，就可以熄灭对方的怒火，避免冲突升级，化干戈为玉帛，充分地展现出你豁达的胸怀和容人的气度。

微笑发自内心，无法伪装。微笑只是一个简单的表情，双唇轻抿，嘴角微微上提，却可以创造出许多人力所不能完成的奇迹。它产生于一瞬间，却能给人留下永恒的记忆；它丰富了那些接受它的人，但又不使给予的人变得贫瘠。微笑的实质是爱，是温暖，是鼓励。真正懂得微笑、"会"微笑的人，总是会比那些不会微笑的人获得的机会多，成功的概率也会比其他人高。

微笑是一门学问，懂得对自己微笑，就能懂得热爱生活；懂得对别人微笑，就能懂得珍惜美好；懂得对社会微笑，就能让自己的生活充满阳光。所以，不要吝啬这么一个简单的表情，应该时刻给别人一个真诚的微笑，展现自己内心的阳光，表达自己的友好与和善！

处世箴言

"眼前一笑皆知己，举座全无碍目人"。一个美好的笑容有时候会胜过一百句赞美。用你的微笑去对待身边的每一个人，你就会成为最受欢迎的人。所以，为了改善你的人际关系，为了强化你的生财通道，学会对别人微笑吧！

第 *2* 章

Chapter Two

成人以后不可再"童言无忌"

话为心声。在人际交往中，适时适当的幽默、由衷的赞美，都可拉近人与人之间的距离。通晓语言艺术，掌握说话技巧，说与不说、如何说、说多少，都要灵活应变。要想更好地适应社会，就要避免口无遮拦、童言无忌。

称呼的运用须讲究

我国被誉为礼仪之邦、君子之国，即使是春秋战国时期唇枪舌剑的论战，也同样注重语言的艺术与美感。《礼记·仪礼》中有"言语之美，穆穆皇皇"的句子，穆穆者，敬之和；皇皇者，正而美。换言之，日常对人说话要谦和有礼，谈吐文雅。

在人与人的交往过程中，称呼是沟通人际关系的桥梁和信号，在某些时候也能表达对对方的看法。路遇旧友，结识新友，一声恰当的称呼，能够拉近彼此之间的距离，这既是对对方的尊重，又表现了自己的涵养。心理学家经过研究发现，大多数人都会很看重别人对自己的称呼。

古今中外，由于文化的发展、地域的限制，各时期、各地区的语言以及民俗风情有所不同，因而在称呼上也存在比较大的差别。这就要求我们在日常生活当中，与亲人朋友相见也好，与陌生人相见也罢，都要注意讲究称呼技巧。如果称呼错了，轻则闹出笑话、造成误会，重则引起反感、朋友反目。而恰到好处的称呼则会使对方感觉到你的诚意与尊重，达到心灵的契合与共鸣。

正确、恰当的称呼，不仅要注意对方的身份，也要合乎常规，还要注意不同的场合、地域，对称呼的要求也有所不同。

日常生活中的称呼应当亲切、自然、准确、合理，而在工作中的称呼就要求庄重、规范、正式。比如对自己的父辈朋友，平时见面，一声"叔叔（阿姨）"，既表示了自己的礼貌，又拉近了彼此之间的关系；但假如这位叔叔（阿姨）恰好是你的上司，若是有其他人在场，最好是称呼职位，这样既显得你懂得职场规则，又不致使其他人带上"有色眼镜"，对你另眼相看。

小莉是家里的独生女，家里人自小对她的宠溺养成了她骄纵、任性的性格。在她大学毕业之后，经过叔叔的介绍，进入一家物流公司做部门经理秘书。小莉觉得既然经理是自己叔叔的好朋友，那自己就应该对经理表示自己的亲近，以此来表现自己的"与众不同"。于是，不管是在私底下，还是在公司，小莉都是一口一个"刘叔叔"，还总是刻意地表现自己跟经理的关系。其实，小莉不知道的是，私底下，同事们对她的这种刻意都很反感，都认为她其实并没有什么实际能力，只是凭借自己的后台关系才进公司的，对小莉的印象也十分不好，也都不乐意跟她打交道。

在日常生活、工作和交际场合，对人的常规性称呼主要有以下几个方面。

（1）行政职务。这类称呼多用在政府活动、公司活动或学术活动等比较正式的官方活动中，如"张局长"、"陈董事长"等。

（2）技术职称。这类称呼说明被称呼人是该领域的权威人士或专家级别，如"王工程师"、"李会计师"等。以技术职称称呼别人，是对被称呼人的肯定与尊重。

（3）学术头衔。这类称呼表示了被称呼人在专业技术方面的造诣，与技术职称略有差别，如"讲师"等。

（4）行业称呼。这类称呼主要用于你不知道对方具体的职务、职称等情况下，如"护士小姐"、"警察先生"，等等。

（5）泛尊称。这类称呼主要用于在社会较为广泛的社交面中，对社会各界人士都可以使用的表示尊重的称呼。如"先生"、"小姐"、"夫人"、"同志"，等等。在不清楚对方姓名、职务、职称、从事行业等情况时可以采用。

称呼是交往、应酬过程当中所采用的彼此之间的称谓，在使用这些称呼时应谨慎，避免一些失敬、失礼的称呼。

首先是错误的称呼。常见的错误称呼主要有误读和误会两种情况。误读就是将对方的名字念错，有心也好，无心也罢，将别人的名字念错是一种很失礼的行为。在日常交往中，对于一些名字中的生僻字、多音字等，事先要有所准备；假如是临时遇到，也不要自作聪明，而是向别人谦虚请教，以免引起不必要的麻烦。误会就是对被称呼者的具体年龄、婚否或辈分等情况作出了错误估计而出现的误称。比如，通常情况下我们会称呼已婚妇女为"夫人（太太）"，如果搞不清楚状况，将未婚妇女称为"夫人"，就会产生误会。对于一些比较年轻的女士，"小姐"这样的称呼对方会比较乐意接受。另外一种容易引起误会的称呼是由于民俗、文化背景等的不同，同样的称呼表达的意思却是截然不同的。比如，在中国大陆，很传统的一个称呼就是"同志"，但在中国香港或澳门甚至一些海外地区，"同志"则包含了一种特殊的意思——同性恋。所以，假如你到港澳地区游玩，不可轻易称呼对方为"同志"，那些"同志酒吧"、"同志电影院"也不宜进入。

其次是一些地方性称呼。称呼在很大程度上也会表现出一定的地域性特征。比如，北京人爱称呼别人"师傅"，山东人则喜欢称呼"伙计"，但是在南方人的观念里，"师傅（父）"就是出家人，"伙计"就是打工仔。如果不分地域随便使用这些称呼，很可能会引起对方的误会与反感。比如，一位山东人称呼一位浙江的老板为"伙计"，浙江老板会有一种被贬低的感觉，如果此时跟他谈生意，生意多半会泡汤。中国人一般称自己的配偶为"爱人"，但在外国人的意识里，"爱人"是第三者的意思。

另外就是一些不适当的简称或外号。有些职位性的称呼可以简称，如"李局（长）"，一般不会引起误会；但如果一位傅姓局长，不论是称呼其为"傅局长"还是"傅局"，都会有"傅（副）"的谐音产生的误会，此时直接称其"局长"就比较合适。对于那些关系不是很熟稔的，不要随便拿别人的姓名开玩笑，也不要自作主张给别人起外号，更不要拿道听途说的外号去称呼对方。

在我国，由于地域、文化等方面的差异，对人的称呼会存在这些不成文的规定或禁忌，而随着我国国际交往的不断开展与深入，与外国人打交道的机会也越来越多，了解外国人的称呼习惯也就变得十分必要了。虽然各个国家的国情、民族、宗教、文化背景等因素存在差异，以致不同国家的称呼习惯也有所不同，但是有些称呼是国际通用的。了解这些通用的称呼习惯，在与国际友人的交往过程中，既可以拉近彼此之间的距离，又可以表现我国人民的文化涵养。

在西方国家，通常情况下，不管男士婚否都可以称其为"先生"（Mister），对于女士的称呼则比较复杂，需要特别注意。一般来讲，称已婚妇女为"夫人"（Mistress/Mrs.），称未婚女士为"小姐"（Miss）。如果不清楚对方的婚姻状况，也可称其为"小姐"，即使对方已婚，她也会欣然接受你的小小过错；假如对方未婚，你贸然称其为"夫人",则容易引起对方的反感。在一些比较正式的外交场合，一般可称其为"女士"（Madame），这充分表现了对女性的尊重。上述称呼都可以与名字或职称一起使用，以表现对对方的尊敬，如"居里夫人"、"局长先生"等。

总而言之，称呼是人际交往中的"第一枪"。因此，巧用、善用、慎用称呼，可以为你打好交际中的第一枪。因此，赢得别人好感、建立完美人际关系也就不在话下了。

处世箴言

称呼是人际交往之伊始，娴熟地使用得体、礼貌的称呼语，能够表现你高雅的素养，使你的社交道路畅通无阻。在日常的生活、工作、交际场合，对人的称呼应该注意得体、合适的规则，尽量避免一些可能引起别人误会、反感的称呼。

用幽默展现你的人格魅力

世界著名喜剧大师查理·卓别林曾经说过:"幽默是智慧的最高体现,具有幽默感的人最富有个人魅力,他不仅能与别人愉悦相处,更重要的是他可以拥有一个快乐的人生。"幽默是一种人生智慧,适当运用幽默能够使人与人之间更加亲切、和谐。

语言是一门学问,幽默是一种艺术。幽默的语言不仅能引发人的喜悦,也能增进彼此之间的友谊、改善人际关系。幽默来自于人的智慧,是一个人灵活的思维与眼前情景相遇之后迸发的智慧的火花。交流时幽默,在笑声中调和情绪,拉近距离;批评时幽默,在笑声中擦亮眼睛,认清不足;讽刺时幽默,在笑声中敲响警钟,针砭时弊。即使是在激烈的矛盾中,适时的幽默也能够化干戈为玉帛,能够避免唇枪舌剑的交锋,甚至是一场尖锐的流血冲突。古往今来,智者往往更深刻地懂得幽默的智慧。

林肯是美国历史上最具幽默感的一位总统。一次,林肯步行到城里去。一辆汽车经过他身边时,他挥手示意司机停车。他对司机说:"能不能麻烦你帮我把这件大衣捎到城里?""当然可以。"司机回答，"可是，我要怎么将大衣还给你呢？"林肯说："哦，这很简单，我打算把自己裹在大衣里头。"司机被他的幽默所折服，笑着让他上了车。

幽默是一个人智慧的结晶，能够为人们酿造快乐。毋庸置疑，我们都希望与懂得幽默的人一起工作、生活——员工希望自己的老板诙谐风趣，容易相处；学生希望老师把枯燥的课堂变得妙趣横生。

美国一所大学有一位女教师上课的时候总是板着脸，批评学生的时候也毫不留情，常常弄得学生怨声载道。一次，她在讲课过程中提了一个问题："'要么给我自由，要么让我去死。'这句话是谁说的？"教室里一片安静，过了一会儿，一个很小的声音回答道："1755年，巴特利克·亨利说的。"女教师看了一眼回答问题的人，然后说："对。这个问题连来自遥远的日本学生都能回答，你们这些生长在美国的学生却回答不出来，多么可怜啊！""把日本人干掉！"老师的话音刚落，教室里就传来一声怪叫。老师被气得满脸通红，开始咆哮："谁？是谁说的？"再一次的沉默之后，有人回答："1945年，杜鲁门总统。"这位学生模仿老师的声音做了回答，幽默的效果不言而喻。

有人曾形象地表述幽默的作用："语言没有幽默感，就只是一篇公文；人没有幽默感，就只是一座雕像；家庭没有幽默感，就只是一间旅店；而社会没有幽默感，那将无法想象。"

幽默在人与人的交往中发挥着很重要的作用，但是，幽默也需要把握一个"度"，过分的幽默不仅不会产生理想的效果，还有可能适得其反。在与陌生人的第一次交往中，应该做到幽默但不谐谑，庄重但不冷漠。深谙幽默智慧的人，不会筑起自我防卫的高墙，有时候甚至会将自己作为取笑的对象，以营造轻松、欢快的氛围；懂得幽默智慧的人，不会取笑别人，造成别人的尴尬。

幽默诙谐与恶语相讥是完全不同的。幽默是一种美德，能够给人带来快乐，使人们的生活朝气蓬勃；恶语是一种丑行，能够给人制造痛苦，使世界充满垃圾与污垢。幽默引起的笑声与无聊的滑稽引发的笑声截然不同，不可相提并论，这正如鲁迅说过的："讲演虽然不妨夹杂笑骂，但无聊的打诨，是非徒无益，而且还会有害。"

北宋时期，有一位自诩"诗人"的年轻人，带着自己的诗作去拜访苏东坡，希望得到苏东坡的赞赏。他抑扬顿挫地朗读完自己的诗作，露出自得的神态。然后问苏东坡："您觉得如何？"苏东坡略一沉吟，回答："可得十分。"年轻人颇为高兴，却又听到苏东坡说："诗有三分，吟有七分。"苏东坡以幽默的话语委婉地批评了年轻人诗作的空洞、低劣，但又不致使年轻人过于尴尬。

在世界城市的评选中，保加利亚的卡尔洛沃城被冠以"笑城"的美称。在这个城市中，人们的言谈举止都不乏幽默诙谐之趣，城中经常回荡着爽朗的笑声。开朗、乐观也成为卡尔洛沃城居民的普遍性格，他们的生活时时刻刻充满了欢乐。

幽默是一种人生态度，是乐观人格的象征。西方国家尤其是美国一向将幽默视为一种创新能力，并把幽默感的培养作为情商教育的一部分。培养幽默感、塑造人格魅力主要体现在以下几个方面。

（1）心胸豁达。一个心胸豁达的人，往往拥有积极、乐观的心态，他们通常能够发现事情比较有情趣的一面，从而以一种较为轻松的形式表达出来。有人向契诃夫请教如何成为幽默作家，契诃夫的回答是："我的绝招只有一个，那就是总是让自己快乐。快乐乃幽默之根源。为了不断地感受到快乐，就需要做到两点：一是满足现状，二是经常预料到这事原本更糟糕。"

（2）洞察深刻。幽默源自对生活的洞察，源自对事物本质的捕捉。以"海派清口"在全国迅速蹿红的上海滑稽剧演员周立波曾说过："这个民族幽默了，就有希望了。"周立波就是一个敏锐的观察家，每天他都会认真地研究报纸、电视等媒体资料，官员贪污腐败、市场金融危机等都会成为他的幽默题材。

（3）学识广博。幽默是智慧的结晶，而知识是智慧的先决。卓别林曾说："智力越发达，戏剧就越成功。"只有广泛涉猎，增加知识的广度与深度，才可能随手拈来，实现厚积薄发。

（4）思维独特。幽默是一种思维的创新，只有打破常规思维的限制，将矛盾与协调很好地融合在一起，才能创造出既自然无痕又出人意料的幽默效果。

幽默与笑同气连枝，也是人际交往中的润滑剂。如若真正掌握了幽默技巧，让幽默成为你性格中独特的一面，那么你将成为社交场中的交际明星，也一定能获得大家的好感与认可！

处世箴言

幽默是一种高尚的情趣，是对矛盾事物的机敏反应。在日常交际中，懂得适时的幽默可以拉近人与人之间的距离，也会给你带来意想不到的收获。有智慧的幽默往往能够调节气氛，但切记不要让幽默诙谐升级到黑色玩笑，那样往往会给人带来伤害。

由衷的赞美能体现真诚

有人说过："不要去批评一个人，而应该去赞美他，即使他是错的。"不错，每个人都希望听到别人对自己的赞美，因为赞美代表了别人对他自身价值的肯定以及认可。赞美应是发自内心的，是真心真意的，这样才能让听者感受到你的真诚与友善，你也才会得到对方同样的真诚。

俗语说："良言一句三冬暖，恶语伤人六月寒。"人的本性决定了我们都喜欢听好听的话，并不是只有那些爱慕虚荣的人才如此。每个人都有自身的优点与不足，不足之处希望别人指出并加以改正，自身的优势则希望得到别人的肯定与认可。发自内心的赞美能够表现真诚，拉近人与人之间的距离。心理学家研究发现：人最喜欢得到的是别人的赞美。因为只有别人的赞美，才会让他感觉到别人对他的认可以及对自身价值的肯定。

我们每个人都赞美过别人，也都得到过别人的赞美。当我们由衷赞美别人的时候，你会发现，对方回报你的一定是真诚而友善的微笑；当我们得到别人赞美的时候，我们一定很自豪，因为自己的优点与价值在别人的眼里得到了肯定与赞赏。真诚的赞美就像优美的钢琴协奏曲，能让人如痴如醉；真诚的赞美就像和煦的阳光，能让人感受到温暖与舒适。

每个人的内心都有希望与梦想，由衷的赞美能够激发人们内心的自信与战斗力，能使人们更有信心地朝着他们的梦想努力。因此，赞美就像是一面战鼓，"咚咚"的鼓声能够给人以鼓舞和激励，能够给人以力量，让人奋发向前。

珍妮一直觉得自己长得不够漂亮，为此内心充满了自卑，走路的时候也经常低着头。逛街的时候，尽管她看到漂亮的衣服也不敢开口，因为她担心别人会笑话她。有一天，她走进一家饰物店，看到一个特别漂亮的蝴蝶结，她徘徊了好久，最终还是没有勇气开口。当她准备离开的时候，饰物店的老板很友好地告诉她可以试戴一下。珍妮小心翼翼地将蝴蝶结戴到自己的头上。老板不断地夸赞珍妮戴上蝴蝶结以后很漂亮，事实上也确实很漂亮。珍妮虽然有些不相信，但心里还是很高兴。在老板的鼓励下，珍妮戴着蝴蝶结昂头挺胸地走了出去。回到学校的时候，老师和同学都夸奖珍妮："珍妮，你昂起头来真美！"那一天，珍妮得到了很多人的赞美，她想这一定是蝴蝶结的功劳。可是回到家之后，珍妮照镜子的时候才发现，蝴蝶结早已经不在头上了。她又想到，今天大家对她的赞美，难道真的不是因为蝴蝶结吗？难道自己也可以是漂亮的吗？从那天起，珍妮再也不低着头了。其实自信本就是一种美丽，他人的赞

美总会在无形中让人体会到自信的快乐。

每个人都有自己的优势，赞美别人的时候没必要夸大其词、阿谀奉承，而应把别人的优点用自然、流畅的语言表达出来。听到别人的赞美，你的内心一定也会十分愉快。比如，你刚做了个新发型，同事们一句简单的"你的发型真好看"，会让你的心里如蜜般甜美，接下来的一整天，你的心情也许都会很愉悦；你出色地完成了领导交代的任务，领导向你投来赞赏的目光以及一句"干得不错"，你会得到前进的动力，并暗暗告诉自己：继续努力，争取下次做得更好。这些赞美过你的人，你也会更愿意与他们相处、亲近，因为他们关注你、欣赏你。

赞美要注意以下三点。

（1）赞美要真诚。人的直觉总是强烈而敏感的，不真诚的赞美反而会使对方觉得别扭，甚至觉得你是在说反话。此时，你的"赞美"落入别人耳里就会变成讽刺，让人不舒服，轻则引发不快，造成尴尬；重则朋友反目，关系破裂。比如，你夸赞同事"你今天的包真漂亮"，如果同事只是淡淡地回应一句"是吗"，就会让你觉得很尴尬。其实仔细观察一下，同事的包并没有什么亮眼的地方，颜色暗淡，样式也过时了，包的表面还有比较明显的刮痕。你的一句不经大脑的"赞美"，在对方听来就是你在讽刺她，尽管你的本意不是这样的。所以，赞美是要建立在真实与坦诚的基础之上的。

（2）赞美要具体。有的人习惯用"很漂亮"、"很优秀"之类的话来赞美别人，但到底哪里很漂亮、哪方面很优秀，其实他并不知道。这时，这种漫不经心、泛泛的态度就会让对方觉得你很虚伪。比如，夸奖别人的衣服漂亮，例如，你要说出来是具体哪一处让你觉得漂亮，例如，颜色、质地、款式，等等；称赞别人优秀的时候，你要说出来他哪一方面让你觉得优秀，直接的一句"你很优秀"不如具体地说"你的交际能力很强，值得我学习"或"你的逻辑思维很棒"，等等。这样就不至于让对方觉得你是在敷衍他，对方也比较乐于接受你的心意。

（3）赞美要有度。培根有一句名言："即使好的赞美，也应该恰如其分。"所谓恰如其分就是准确、恰当、不夸大、不拔高。社会上一些胸怀大志、事业有成的人往往都是比较谦逊的。他们希望得到社会的认可与尊重，所以不会拒绝那些实事求是的称赞，但是他们讨厌别人过分的吹捧与抬高。因此，在与一些尊长交往的时候，赞美尤其要注意把握分寸。

小刘刚刚大学毕业，被分配到一家事业单位工作。该单位有一位资深专家，是小刘崇拜的偶像。小刘非常希望得到这位专家的指导，以使自己的专业水平更上一层楼。他不但在平时对专家毕恭毕敬，每次向专家请教的时候都会说一些"高山仰止"、"德高望重"之类的话，在公共场合也经常对专家大唱赞歌"某老是社会精英，国之栋梁，能与他共事是我三生有幸，我要以他为榜样"。也许在他看来，他的这些话不过是说出了事实，但在那位专家听来却十分刺耳。小刘又一次在公众场合说这些溢美之词的时候，专家打断他的话，怒斥道："你除了这些奉承吹捧的话就不会说别的了？"小刘被当众呵斥，目瞪口呆，不知所措。其实，赞美就如醇美的酒，人人都喜欢，可是过量了就会醉人。

由衷的赞美能够表达你的真诚。赞美是需要讲究艺术性的，是需要建立在事实基础上的，需要用合适恰当的语言，更需要情真意切的态度。具备了这些条件的赞美才能感染人、感动人，才能让人充分感受到你的真诚、友善。如果人生没有赞美之声，那就犹如阳光中有灰尘、雨水中有杂质；即使身处阳光之下，也会觉得备感寒冷。

美国的一位心理学家指出："渴望赞美是人的天性。"既然渴望接受赞美、被人肯定是人的天性所在，那么，在日常生活中我们都应该学会赞美的智慧。赞美朋友，拉近彼此之间的情感距离；赞美敌人，消除矛盾、化敌为友。

由衷的赞美，犹如沙漠中的清泉，可以滋润你的心灵；由衷的赞美，可以体现真诚与友善，可以在温暖别人的同时也温暖自己，能够消除人与人之间的隔阂，缩短心与心之间的距离，是人际交往中最好的礼物；由衷的赞美，可以给人以力量，在激励他人的同时，也可温暖自己，何乐而不为呢？

处世箴言

适当的赞美总会给人意想不到的效果。在生活中，我们都应该用一双慧眼去发现其中的真善美，并由衷地去赞美。这样，我们的生活就会更加温馨、和谐。懂得赞美、善于赞美，让真诚的赞美充溢于我们生活的方方面面。

闲谈时不说长道短

曹雪芹在《红楼梦》里有这样的一句话："谁人人前不说人，谁人背后不被说。"那些飞短流长、是是非非，古今中外都是如此，总无可避免。闲暇之余，任何人、任何事都会成为人们谈论的对象。但是，一般的闲谈无所谓，如果总是涉及别人的隐私就不可取了。要知道，道人长短，伤人又伤己。

俗语有云："多门之室生风，多言之人生祸。"后半句话的意思显而易见：一个人如果说话总是不经过大脑，说得多了，在其言语当中就会暴露出许多问题，甚至是祸从口出。由此可见，大教育家孔子提倡的"少言"、"慎言"，是非常有道理的。

祸从口出主要表现在以下两个方面：一是像长舌妇一样在众人面前搬弄是非，今天东家长，明天西家短；二是对身边的人和事品头论足，还往往背着当事人说坏话。这两种不经过大脑、不考虑影响的言语引起的后果只有一种：久而久之，你周边的人都会对你退避三舍、避而远之，唯恐哪一天自己也会成为你说长道短的对象，如此，你的人际关系也会越来越差。

我们生活的社会存在着一张人与人交织而成的巨大的关系网，每个人都是这张网里的一个元素，人们无法脱离这张关系网而存在。在人与人的交谈过程中，避免谈及他人隐私、不在背后说人坏话，是对别人起码的尊重，也是对自己的尊重。开口之前最好三思：哪些话该说，哪些话不该说，说了这些话会引起什么样的后果，等等。否则，如果一句话没说对，就有可能引起与他人关系的破裂，甚至影响自己的前程。

　　小李和小刘从高中时起就是好朋友，毕业之后一同进入公司，两个人的工作能力也不相上下。公司于上个月进行了一场职业能力测评，成绩好的人将会被提升为总经理助理。小李知道自己和小刘的能力几乎是平分秋色、不相上下，怎么才能让自己更突出一些呢？经过一番思索之后，小李想出了一条"妙计"。从那之后，小李与公司同事吃饭、闲聊的时候，总会有意无意地说起小刘以前的事情，将小刘家以前的事情全部添油加醋地讲出来——小刘的爸爸因贪污被抓进监狱，小刘被男朋友甩还卷走了她所有的存款……小李想用这些言论给小刘造成一些不好的影响，从而击败这个竞争对手。可是，最终的结果是小刘成为总经理助理。小李为此还专门去找总经理问原因，经理说："我需要的助理不只要具备高超的交际能力，还要有高于其他人的人格素养。我不认同一个总是在他人背后说坏话的助理，你明白吗？"小李在公司待了没多久就辞职了，原因很简单，小刘当她是陌生人一样，同事看见她也会躲着她，生怕自己也会成为她下一次谈话的主角。她的人际关系网基本上破裂了，她很苦恼。精神的压力致使她在工作上频频出错，不得已只有离开。

　　其实在人与人的交往中，谈话是最能促进人际关系的。但是，在谈话过程中，应该尽量避免谈及别人的隐私、短处。既然是隐私，肯定是不欲人知的，如果有意将这些隐私摆到明面上，很容易伤害当事人的自尊；既然是短处，你大可以面对面用比较委婉的语言告诉对方，这是对对方的一种帮助，对方也一定会对你表示感谢，而不应是你在背后批判、诋毁对方。

二十几岁的年轻人，刚刚从学校踏入复杂的社会，经验和人脉都比较匮乏，处于经营阶段。此时，你良好的人品就会成为一面金字招牌，显得尤为重要。如果你有说人长短的嗜好，最好在说话之前考虑清楚，不要知道了别人一点点事情或短处就到处宣扬。茫茫宇宙，任何事物都可以成为谈论的话题，不一定非要将东家的长事、西家的短事都作为谈话内容。这样将自己的快乐建立在别人的痛苦之上，与在别人的伤口上撒盐的行径又有何区别呢？

据精神学家分析，那些爱揭他人短处、爱传他人隐私的"长舌妇"或"大嘴巴"，他们搬弄是非其实是心存隐疾的表现，与谩骂、诋毁他人的心理基础是类似的，都是一种"杀人不见血"的攻击行为。这些"长舌妇"在搬弄是非之前往往会先给自己的行为披上一层冠冕堂皇的外衣，比如，他们常常会借口说"给你提个醒"，然后告诉你某某在什么时候说过你的坏话，某某心怀诡计，等等。这类人的心理性格其实是不完整的，他们一般不会设身处地地为别人着想，只是以他人的不幸或痛苦来增加自己茶余饭后的谈资，来丰富自己的业余生活，并衬托自己在道德上的"优越性"。

《伊索寓言》中有句名言："世界上最好的东西是舌头，世界上最坏的东西也是舌头。"说好话、说真

话，自然可以缩短人与人之间的距离；说坏话、说假话，肯定可以破坏自己在别人心里的形象。

　　事实证明，"大嘴巴"、"长舌妇"是没有真正的朋友的。人与人之间的关系大多数是双方或多方的，闲暇之际推波助澜，将别人的长短编排得有声有色，并夸大其词地进行渲染、张扬，此举十分不可取；但是这类人对于自己的秘密、隐私其实是十分敏感的，不仅不愿与人分享，还会近乎神经质地保密。这样的人，即使交到朋友，也只会是最浅薄层次的。因为这些爱说、爱听别人长短的人，也会静下来反思：日后自己会不会也成为人们茶余饭后谈论的话题？所以，他们交朋友一定不会以心相交、以诚相待。

　　就我们自己而言，如果不小心听见别人谈及他人的短处，最明智的方法就是不表态、不参与、不传播。对于别人谈论的内容，听听便罢，不可放在心上，更不可去做一个传声筒，去传播这些流言飞语。其实，我们每个人都不会喜欢在别人那里听到有关自己的流言。《论语》有云："己所不欲，勿施于人。"既然你自己都不喜欢被人家谈论，又何必将这种痛苦强加到别人身上呢？

　　如果从别人那里知晓自己成为某次说长道短的对象，也不必着急，不妨换个角度思考一下，也许你的心境会更加豁达：或许是别人在忌妒你，才会故意讲你的坏话。对此你大可不必生气，不必在乎他们说什么，置之不理才是最好的处理方法，而且，你的冷静也会自然而然地扑灭那些飞短流长可能产生的效果。又或许是你近来的某些方面确实做得不好，才会有这种流言飞语的产生。这时，你就应该将别人的流言当做一面镜子来反省自己的举止，如若有不妥当的地方，就加以改正。毕竟，人无完人，但人可以更加接近完美。

　　就整个社会而言，要消除说长道短这种弊端，最理智的方法就是听者不听，没有了听众那说者自然就不会去说了。苏格拉底在知道有人在背后中伤自己之后，也只是一笑而过："他就是想让我生气，我偏不生气。"这样一来，企图借由流言中伤他人以达到自己目的的人就大大失算了。另一方面，如果没有听众凑热闹去强化流言传播者的这种行为，自然也会消除掉他们搬弄是非的劲头。要知道，谣言止于智者。

处世箴言

年轻人要想成就自己的事业，首先应该经营好自己的人际关系，而在此之前就是努力让自己成为一个受欢迎的人。一条金科玉律也许会很必需：称赞别人的美德可以，但一定不要说长道短，因为议论别人不只会脏自己的口，更是对自己人格的侮辱。

玩笑开得要有水准

　　俗话说："人逢喜事精神爽。"生活本就需要轻松、快乐的氛围。适当地开玩笑是对生活的一种调剂，也可以体现一个人的机智和幽默。健康、文明、高雅的玩笑可以调节生活氛围，增加生活乐趣，促进人与人之间关系的更加协调。

　　生活中不如意事常八九，沉闷的气氛总是不利于人与人之间的正常交流。时不时地开个无伤大雅的玩笑，不仅可以活跃气氛，还可以增进彼此之间的感情，甚至还能够展示个人魅力。但是，需要特别注意的是，开玩笑也要注意分寸，注意把握尺度。

　　不过分的玩笑当然可以发挥玩笑的作用，但如果玩笑过了头，就会从调节气氛的幽默玩笑变为含有人身攻击意味的黑色玩笑。这种黑色玩笑是一般人难以接受的。黑色玩笑的背后往往体现出一个人人性上的弱点：在面对一个人或是一件事情的时候，会不自觉或无意识地挑刺，这其实是一种思维习惯；而爱开黑色玩笑的人也往往会被他人习惯性地认定为是"刻薄"、"无聊"的人。

　　黑色玩笑对人际关系的杀伤力远远高于一般的幽默玩笑。无论是谁，都不会在被别人揭开伤疤的当口还含笑以对。亲人或相熟的朋友或许不去斤斤计较，选择一笑而过；但是，对于那些关系一般的朋友、同事，尤其是领导，黑色玩笑对于与他们的人际关系的毁坏往往是一瞬间的，即使挽救也是很不容易的。

小刘是个大大咧咧的人，平时就喜欢跟人开开玩笑。但是，两个月前的一件事真是让他有苦说不出，只能打掉牙齿往自己肚里吞。事情的经过是这样的：某晚，公司举办了年终聚会，觥筹交错之际，小刘尽管推拒还是多喝了几杯酒。之后大家闲聊的时候，小刘就跟公司的一位经理开起了玩笑："李经理，你为什么会娶一位没有门牙的老婆呢？"公司里众所周知，李经理的太太，前牙有好几颗的缺掉，所以看起来比实际年龄大许多。小刘的话音刚落，旁边众人尴尬地笑笑，然后走开，李经理虽然尴尬但在众人面前不便发作，也只是苦笑。但是，他的自尊心完全被小刘伤害了。宴会结束之后的一个月里，小刘明显感觉到李经理对自己怀有深深的敌意。小刘的调职申请本来是十拿九稳的，但在李经理频繁地出入总经理办公室之后，最后还是不了了之。

由此可以看到，玩笑是不能乱开的，尤其是可能伤害到别人自尊的玩笑，很容易引起别人的反感，对于彼此之间的人际关系也是有伤害的，而且这种黑色玩笑带来的笑声也是不会得到别人的认同的，毕竟这无异于将自己的快乐建立在别人的痛苦之上。

会开玩笑、懂得玩笑的人，是明智而理智的；将玩笑跟笑话混为一谈的人，只是单单注重了

"笑"，并没有考虑到后果。这种不恰当的玩笑不仅不会活跃气氛，反而有可能使气氛更糟糕、更尴尬。比如，有些人喜欢把开玩笑当做取笑别人的工具，常常弄得别人很丢面子，从而增加了别人精神上的压力；有些人喜欢用开玩笑的方式搞恶作剧，往往把别人弄得很尴尬，给别人带来痛苦；还有一些人开玩笑的时候不注意分寸，玩笑往往超越了限度，从而给别人造成了伤害，以致带来严重的后果。

小林和小王是一起出来打工的老乡，她们两人以及小王的男朋友小徐经常一起聚餐、唱歌，彼此之间也算熟稔。一次，三人又在一起吃饭，期间小王出去接了个电话，谁知道，等她回来看到的却是好友奄奄一息躺在地上，男朋友则神情呆滞地杵在一旁。小王愣了一下之后，赶紧打电话报警、叫救护车。虽然经过医生的抢救，小林还是没有被抢救过来，就这样离开了这个世界。小徐被警察带走之后，在审讯为什么杀人的时候，小徐交代：原来小徐本来就不如小王挣钱多，这也一直是他心里特别在意的事情。可是那天估计是小林喝多了，有些口不择言，她一再地开玩笑说小徐是"吃软饭的"。小徐在酒劲的支配下也有些莽撞，就一下掐住了小林的脖子，因为是在包厢，也就没有人看见，直到小王接完电话回来……之后，铁窗里的小徐也是痛哭流涕，悔不当初。但是再多的后悔也于事无补，只因一句玩笑话，因为他一时的冲动，一条鲜活的花样生命就此逝去，而他也得为此付出沉重的代价。

理智、成熟的人是不会随便乱开玩笑的，即使是开一些小玩笑也纯粹是为了娱乐、活跃氛围。总体来说，开玩笑主要应该注意对象、时间、场合以及内容。

（1）开玩笑要注意对象。俗话说："人上一百，形形色色。"不同的人，其性格也不同。与那些宽容、大度的人开玩笑，只要是不太过分，对方总会微微一笑，此时的气氛也会有所缓解；但是对于那些不是很了解的人，或是知晓对方心胸比较狭窄、容易斤斤计较，开玩笑就要适可而止，不可莽撞。千万别得罪了人还不自知！

（2）开玩笑要注意时间。幽默玩笑意在调节气氛、缓和人际关系，所以开玩笑最好选在对方心情舒畅或因小事生气，通过一个小小的玩笑可以把对方低落的情绪扭转过来的时候。假如对方正处于极度地愤怒或伤心时，开玩笑就有可能进一步激化对方的情绪，而且也有可能让对方误以为你是在幸灾乐祸。所以，开玩笑要看时机是否适宜。

（3）开玩笑要注意场合。在图书馆、医院等要求保持肃静的地方，或是开会、看表演等场合，不宜开玩笑；如果是在出殡、治丧等悲哀的气氛中，更不宜开玩笑。

（4）开玩笑要注意内容。开玩笑是对生活的一种调剂，任何事情都有可能成为玩笑的内容。但是，可能成为玩笑的内容是一回事，适宜把这些内容以玩笑的形式讲出来就是另外一回事了。在此应该注意的是：玩笑不宜涉及他人隐私——所谓隐私往往是别人不欲其他人知晓的，如果是以他人的隐私作为笑料，就会造成对别人的伤害；玩笑不宜涉及他人短处——将别人的生理缺陷或生活污点等当做笑料，会引起别人的尴尬，伤害别人的自尊；玩笑不宜庸俗不堪——如果拿一些私生活的事情或下流的事情作为笑料，不仅会让对方下不来台，更会显得自己庸俗、没素质。

另外，开玩笑还应该注意自己的语言、态度、方式方法等，比如，不宜用讥讽的态度借贬低别人来抬高自己，不宜开口就是污言秽语，不宜将一些流言飞语作为开玩笑的内容并刨根问底，不宜有意拿人做笑柄，不宜恶作剧之后幸灾乐祸，等等。如果平时开玩笑的时候注意到这些方方面面，你就会成为一位传递快乐的人，你的人际关系也会非常和谐、融洽。

处世箴言

俗话说："笑一笑十年少。"时刻保持微笑能够让我们保持年轻的心态。一个恰到好处的玩笑能够调节我们生活的氛围，会开玩笑的人也会给人随和、轻松的感觉，人们也乐于跟这种人交往。所以，在日常生活中，人人都要领略玩笑所蕴含的内在智慧并把握它，让玩笑成为生活的调剂品。

批评、指责他人要委婉

卡耐基在其《人性的弱点》一书中指出："每个人无可避免地都会犯错误，每个人也都有其自尊心。指责、批评别人的时候不一定非要采用直接的方法，在某些时候间接地指出别人的错误、问题所在，效果反而会比直接批评好很多。"换言之，批评、指责他人要讲究一定技巧。

我国宋代诗人戴复古曾有言："金无足赤，人无完人。"换言之，天下没有十全十美的事物，当然也就没有十全十美的人。我们每个人都有自身的缺点或错误，有些是我们自己可以体会到并加以改正的，但有些错误或缺点却是需要别人的提醒才可以意识到的。

在生活中，我们不可能要求别人跟自己的想法一致，每个人都有独具自己特色的观点与想法。正是这种独特支撑着我们拥有自信、懂得思考，也正是这种独特让世界变得更加地多姿多彩。在遭到别人直言不讳地反对时，我们往往都会从心里对其产生敌意，进而引发内心的反感、厌恶甚至是仇恨。其实，这种反应本无可厚非，它是我们人类心理反应的外在表现，是人的本能的自我保护。

人生活在团体中，总不可避免地会遇到别人的批评，或者是批评别人。批评也是一种艺术，也是要讲究技巧的。卡耐基也说过："当我们听到别人对我们某些长处表示赞赏之后，再听到他的批评，心里往往会好受得多。"这就告诉我们，在批评别人的时候要委婉地表达，不可过于直接。

过于直接的批评，只不过是将人与人、问题与问题面对面地放到了一起，很容易给对方的自尊心带来伤害，造成对方心理上的不安全感以及对立情绪。对于别人的错误或问题，你的指责、批评太过直接，就会触到对方的痛处，对方会感到难堪，甚至受伤。如果是在公众场合，对方为了维护自己的尊严或权威，对于你的直言批评，他只能选择反击。而此时，你的直言批评的合理与否也早就被抛开，唯一存在的只是对方与你的一场关于"面子"的论战了。

实际上，在我国古代，就有许多智者懂得"以迂为直"的处事原则。他们更深刻地明白：以间接的方式表达自己的意见尤其是反对意见，取得的效果往往更明显。

春秋时期的齐景公，其行为放浪无度，尤喜欢玩鸟打猎，并且还派专人为其管鸟。某一天，负责为齐景公看管鸟的烛邹一个疏忽，致使鸟全部飞走了。齐景公大怒，要下令斩了烛邹。齐国大臣晏子赶来之后，看到齐景公正怒不可遏，便要求齐景公允许他在众人面前历数烛邹的罪状，好让他死个明白，也让其他人引以为戒。齐景公答应了。晏子一步跃到烛邹面前，怒目而视，大声道："烛邹，你负责为君王管鸟，却把鸟丢了，这是你罪状之一；你使君王为了几只鸟杀人，是你罪状之二；你使诸侯听了这件事，责备君王重鸟轻人，是你罪状之三。综此三罪，你当定斩不饶，你可知罪？"然后，晏子请求齐景公将烛邹杀掉。齐景公早已听明白晏子话中的意思了，连忙说："不杀了，我已明白你的意思了。"

你看，明明晏子是很反对齐景公重鸟轻人的，但是，对于正在火头上的齐景公，晏子明白：直言相谏反而会更加激怒齐景公。于是，他明智地采用了"以退为进"的方法间接地表达自己的意见，使得齐景公明白是非曲直以及其中的利害关系。这样，既达到了劝谏齐景公的目的，又解救了烛邹。另外，也避免了因直接与齐景公冲突，而给自己带来不必要的麻烦。

通过间接的途径，迂回地表达自己的反对意见，可以使对方更容易接受，从而避免直接的摩擦与冲突。

有的批评让人温暖，有的批评使人心寒；有的批评使你如沐春风，有的批评让你如鲠在喉。批评，是对错误本身客观的剖析以及中肯的评价，而不是个人主观感情的发泄或严厉的指责和训斥。

三国时期，蜀国突然暴发了严重的旱灾。蜀国主刘备为了避免浪费粮食，下令全国禁止酿酒，并且规定：凡是有酿酒工具的人与酿酒者一样受罚，不可轻饶。此令一出，全国哗然：有酿酒工具又不代表他们正在进行酿酒。这样的不分青红皂白，人们觉得国主近于苛刻，但是没有人敢提出反对意见。一天，简雍陪刘备出游，走到一个打铁铺子。简雍就对刘备说："这个铺子的老板要行凶伤人，您为什么不把他抓起来呢？"刘备诧异道："你怎么会知道他要行凶伤人呢？"简雍笑着回答："他铺子里有这么多匕首、刀具，这与您规定的有酿酒工具的人要和酿酒者一样受罚是同样的道理啊！"刘备听罢，立即明白了简雍的意思。随后下令，有酿酒工具但没有用粮食酿酒的人，不必受罚。

每个人都会不可避免地犯错，如果自己意识不到就需要别人来指正。在指责、批评别人的缺点或错误时，首先要控制好自己的情绪，注意自己的态度，再加以合适的方法，才有可能使对方认真地对待你的意见。如果你张口就是训斥、斩钉截铁的语气，瞪眼睛、叫嚷等发怒的表情，对方不仅不会接受你的意见，你们很有可能还会为此爆发冲突。批评、指责对方的时候，要尽量用平等、和气的态度，委婉、含蓄的方式方法，设身处地地考虑到对方的身份以及所处的场合，尽量避免跟对方发生碰撞。这样，批评、指责才会有效果。

批评、指责他人的时候，并不一定非要疾言厉色，并不是威严之下才可以出效果。有的时候，这种凌厉的方式不但不会达到预期目的，反而会引起相反的效果。虽然俗话说"良药苦口、忠言逆耳"，但是甜口未必非良药、顺耳未必非忠言，技巧性地对自己的批评、指责之语进行包装，为自己的言辞裹上一层甜美的外衣，也许会更容易达到"良药甜口更利病、忠言顺耳更利行"的效果。

处世箴言

真正富有魅力的批评与指责，不是以让别人无地自容为目的，不是以伤害他人为终点，而在于用委婉的方式指点迷津，进而达到思想的沟通，促进每个人的进步。委婉、含蓄的批评与指责更容易引起别人的共鸣，批评的目的也会更容易达到。

出口伤人不可取

俗话说："言语无心，易燃纷争；言语无情，损人伤身。"说话是一种技巧，可以说我们每个人都会说话，但是又不是人人"会"说话。其实，谁都会说话，但是有的人不注意说话的技巧，只顾自己痛快，口不择言，以致出口伤到人仍不自知。

在我们的周围，能够出口成章的人不在少数，但是更多的人往往出口成脏，说话只图自己痛快，不顾他人感受，往往伤害了别人还不自知。尤其是时下的年轻人，也许骄纵，也许任性，说话做事往往不经过大脑，经常不自觉说些伤人伤己的话。生活上如此，以致朋友疏远；工作上如此，以致机会错过。不管是人际关系，还是工作前程，往往都会毁在自己的一句口不由心的话语上，最后追悔莫及。

明人吕坤认为："'无伤'二字，修己者之大戒也。"换言之，说话乃人生一大难事，说话要注意不伤人不伤己，才是提升自身修养的伊始。在说话方面，不论是儒家、道家，还是佛家，都十分注重"修口"。口出妄言恶语，揭人疮疤，触人痛处，颠倒是非黑白，更是要不得的。

古时候，有个叫祝期生的人，他总喜欢讽刺他人的缺失，颠倒是非黑白。遇到相貌丑陋的人，就讥笑人家；遇到相貌俊美的人，就嘲弄人家。碰到愚笨的人，就欺负羞辱；碰到聪明的人，就评头论足。遇见贫穷之人，便鄙视他；遇见富贵之人，便毁谤他。他就这样到处讽刺别人，胡乱颠倒黑白。到了晚年，这个人忽然得了舌黄病，需要用针刺舌头，每次都要流好多血舌头才会舒服一些。经此几次，他竟然因舌头枯干萎缩而死。众人知道他的死讯，虽不至于高声欢呼，但也是在心里感到高兴：毕竟，周围的邻里没有谁没有受过祝期生舌头的"荼毒"。

从古至今，大凡有所成就的人，都拥有一颗宽容之心，拥有宽大的胸怀，不会因为一些小事与别人发生口舌上的争执。即使是在面对自己的对手、死敌的时候，他们也能保持自己的风度，以容人的雅量客观对待。对于自己的亲人、朋友，持宽容之心，嘴下留情，是常有之事；但面对自己的对手、死敌，不横眉怒目就不错了，再要做到嘴下留情，那就不是容易的事了。也正因此，世人的成就才会有高低、大小之分。也正是那些有容人之心的人，才会为自己创造出更多的机会，取得的成就也才会比别人更大、更多一些。

但从现在的广电媒体来看，不论是节目的主持人也好，来做节目的嘉宾也罢，越来越多的共同点充斥于人们的视野中——说话的人，嘴巴越来越利，说出来的话也越来越损。比如，时下的一些选秀节目，请来的嘉宾在点评选手的时候，丝毫不顾忌选手的颜面，恶语相赠，常常会使选手下不来台。

就主持人而言，如果是针对一些丑陋的社会现象进行批判或讽刺都无可厚非，比如，李敖在凤凰卫视做主持人的时候，经常就把一些贪污腐败的官员骂得体无完肤，观众们听起来也觉得十分过瘾，淋漓尽致。但是，也有些主持人为了提高收听率、收视率，专门对一些弱势群体下"嘴"，尤其是那些富有争议的弱势群体。那些批判乍听起来合情合理，但细品之下，就会发现是多么地无情以及虚伪。

在生活中，有些人办事爽快，说话利落，快人快语还口无禁忌。这样的人，尽管是一片真心，但在某些时候，也许会因为自己的不慎，一句不经意的话就有可能重重地砸在别人的心口上，对别人造成伤害，也让自己陷入窘境。可见，在生活中，并不是任何事情都可以仗义执言的，一时的冲动而口不择言更是不可取的行为。

小雪是一家纺织厂的女工，在厂里她的各项表现都还不错。后来，她觉得自己还年轻，想到深圳闯一闯，临行前去跟一位要好的朋友辞行。这位朋友知道小雪的来意后，本想再好好地劝劝小雪，毕竟小姑娘孤身一人去深圳，也着实不太让人放心。可是，这位朋友开口说出的话却是："好好的，去深圳干吗？你在这里都还没混出什么名堂呢，去深圳就有机会了吗？深圳是什么地方，大街上，遇到几个人，不是博士生就是研究生，最差的也是本科生，你一个专科生到了深圳要怎么混啊？有多少比你强的人，出去几年也没成功，你呀，还是掂量清自己的斤两，再仔细想想吧！"小雪听了朋友的话，十分生气，当时就起身离开了朋友的家。以后两人的联系也比之前少了很多，彼此之间的关系也冷淡了许多。其实，这位朋友也许并没有什么恶意，也不一定是故意要给小雪泼冷水，但是由他口里说出来的话却让小雪觉得朋友根本看不起她，这对她是一种很深的伤害。

从一个人说话的态度就可以看出这个人的素养如何。事实上，那些心直口快的人往往是最坦率、最直爽的人，他们的人品、本质也许并不坏，只是说话的时候比较不注意轻重，也不注意措辞的严谨。所以，这些人往往一开口就会得罪人。就像抓蛇要抓七寸一样，他们伤人的话语也会像匕首一样直插人的"七寸"。久而久之，人们从内心就不愿意甚至拒绝与这样的人交往，这对于他们人际关系的经营也会产生影响。

人生一世，草木一秋，每个人都是一样，既有得意荣华之时，也有失意落寞之际。别人得意时，锦上添花，而不是恶意讥讽；别人失意时，雪中送炭，而不是落井下石。有时候，只为自己一时的痛快，口不择言而给别人带来伤害；可是难保他日不会狭路相逢，那么，昔日你给别人一分的不快，就有可能成为你今日十分的阻碍。所以，屠格涅夫的一句名言说得非常正确，他说："要想在世界上不得罪人，在开口之前，就先把舌头在嘴里转十圈。"在说话之前，经过谨慎的思考，该说与不该说的话要考虑清楚。给自己留点口德，避免出口伤人，也给别人留足空间。

处世箴言

人们常说，世界上最不能追回来的有三样东西，即射出去的箭、说出去的话和失去的机会。说出去的话，既能挽救人，也能伤害人。有些时候，祸从口出，伤人伤己，亦是覆水难收。因此，在说话之前，要经过谨慎的思考，避免出口伤人。

多说无益，精简为妙

卡耐基说过："好的口才是社交的需要，是事业的需要，也是生存的需要。它不仅是一门学问，还是你赢得事业成功常变常新的资本。"简洁、清晰地表达自己的思想与观点，既是自己干练、果断性格的表现，也是当得重任的先决条件。

对于众多的年轻人而言，刚刚进入复杂的社会，或多或少都会有些许茫然，而掌握说话技巧就是踏进社会的一道门槛。在为人处世的过程中，年轻人要懂得把自己变成一个会说话、善于说话的人，用最精妙的语言，把话说到别人的心坎上，不仅滴水不漏，还能让听者舒服。

俗话说："多说多错，少说少错，不说不错。"诚然，话是说给别人听的，而不是说来自己听，所以，在说话的时候，要注意别人的感受，观察别人的反应。完全不理会别人，只顾自己大吹大擂、滔滔不绝、口若悬河，再好听的话在别人听来也是废话。众所周知，"话痨"是不会受人欢迎的。大家要知道一句话："宁可把嘴巴闭起来，使别人怀疑你浅薄，也不要一开口就让人证实你的浅薄。"因此，

"会说话"的一个前提就是会"少说话"。

有些人一贯秉承"不说不错"的理念，无论什么时候都三缄其口。当然，少说话是不错的，但是并不是任何时候都不说话。该说话的时候还是得说，而且还要在说"少"的基础上把话说好，这才是说话技巧所在。

无论何种场合，说话既要说得少，又要说得好，其内在含义就是要求说出来的话要有中心，要生动、具体。虽然，我们在交谈过程中，未必都能达到"不鸣则已，一鸣惊人"的境界，但是这种境界又何尝不是我们努力的目标呢？少说话，才能保证自己在说话之前有足够的时间去理清自己的思路，更好地表达；也才能给对方足够的时间去思考自己说出的话的内在意义，更好地接受。说得少又说得好，简明扼要、思路清晰，才会给人以成熟、干练、雷厉风行的印象，才会让人觉得你是一个明智并且理智的人。

有些场合、有些事情，我们可以少说话，但是，对于某些场合、某些事情，简单的话语并不能完整表达我们的意思，这时就需要多说。此时，应该注意，即使是长篇大论，也要注意一个原则：一句话能表达清楚的坚决不用两句话来说。该简洁的时候要简洁，绝不拖泥带水、啰啰唆唆。啰啰嗦嗦既浪费了别人的时间，又浪费了自己的时间；既让别人感到心烦，也会让自己在别人面前掉价。

由周星驰、罗家英等主演的电影《大话西游》播出之后，人们不仅记住了那些独具特色、令人印象深刻的主人公，也记住了一些流传甚广的经典"名言"。在荧幕上，那个以"啰唆"著称的唐僧就有很多能够"绕梁三日"的"名言"。比如，唐僧对悟空的一段教育之言："大家不要生气，生气会犯了嗔戒的！悟空你也太调皮了，我跟你说过叫你不要乱扔东西，你怎么又……你看我还没说完你又把棍子给扔掉了！月光宝盒是宝物，你把它扔掉会污染环境，要是砸到小朋友怎么办？就算砸不到小朋友，砸到那些花花草草也是不对的……"这样的唐僧，给悟空最多的感觉就是头疼，如果不是念在是自己师父的分上，恐怕悟空会一棒子打死他的吧！而唐僧在被牛魔王擒住之后，不但没有一点身为犯人的自觉，还照样侃侃而谈，以致最后把几个小妖烦得自杀，更是体现了这位"伟大"师父啰唆语言的威力之大。

虽然这只是电影，是虚构的情节，但是在现实生活中，在我们的周围，也会出现很多"唐僧"。他们在说话的过程中，十分没有逻辑性，而且还总是长篇大论，让人心生厌烦。

小刘的同学当中有个人的名字特别奇怪，叫罗索，而且他的语言表达也如名字反映的一样，十分啰唆。上个月，罗索跟小刘还有其他的几位同学约好了周末去爬山。结果罗索单位临时有事需要加班，他就打电话给小刘解释自己失约的原因："我本来都已经出门了，结果接到单位电话，说是工程临时出了点状况……"接着就是长达十分钟的解释，工程为什么会出问题，问题在谁的身上，等等。起初，小刘还耐心听他说话，在罗索翻来覆去地讲述工程问题的时候，小刘终于忍受不住他没完没了的废话，只用一句"够了，我知道了"打断罗索的讲话，然后挂断了电话。小刘跟其他朋友解释罗索没来的原因时，只有一句话："他单位临时加班，来不了了。"

你看，其实整件事情也就是一句话就可以解释清楚的："单位临时加班，来不了了。"如此简单而凝练的话，足以表达清楚事情的始末，而罗索却用了将近十分钟的时间来解释，最终也只是反复地陈述一件事情，即使是再有耐心的人，也会忍受不了。

通常情况下，话说得太多往往意味着说话者的思路不清晰，或者是说话者缺乏信心。一个人连自己的思绪都理不清楚，说出来的话又如何让别人理清他的思路呢？一个人连自己都不相信，那么他长篇大论的目的就是尽力说服对方相信他。此时，如果认真考量他的话，就会发现是谎言的可能性会比较大。

我们在说话的时候要注意做到言简意赅，即说话时语言简练，表达的意思才能清楚、全面。我们在说话的时候应该开门见山，直接切入主题，用尽可能简明的语言将意思表达清楚，这样别人才不至于一头雾水，才能很快抓住要点。

新加坡著名作家尤今经历过这样的事情：有一回，他托一位同事给他买圆珠笔。他因为不喜欢黑色，就再三嘱咐："记住，我不喜欢黑色，千万不要忘记，12支，全不要黑色。"第二天，同事把代买的笔交给了他，一看，全是黑色。尤今责怪同事，同事却说："因为当时太忙，记不太清，但是你的话给我最深的印象就是'黑色'。"尤今向同事道歉说："你言之有理。如果我当初言简意赅地说'请为我买12支蓝色圆珠笔'，就没这事了。"事后尤今总结道："没有赘肉的语言，才可以精确、精准、精致，也不会误事。"

俗话说："浪费别人的时间就等于谋财害命。"现如今，生活节奏越来越快，人们对于时间极为重视。不管是何种场合，几乎没有人愿意听一个人口若悬河地讲一些废话。因此，在开口之前首先要整理自己的思路，哪些话该说、哪些话不该说，要做到心中有数；然后按照你想要表达的意思组织你的语言，要分清轻重、主次顺序，切忌

"一锅倒"、滔滔不绝、没完没了。

柏拉图在教育他的弟子时曾说过："拖泥带水的谈话，会让人对你产生厌倦。"由此，年轻人在处世中，谈话应以得体、简洁为好，一旦别人对你产生厌倦心理，不但你的目的达不到，还有可能使你的印象分大减，进而影响你与别人日后的交往。

处世箴言

要避免在谈话过程中惹人生厌，就要注重锻炼说话技巧。不要只顾自说自话，不要拖泥带水；多参加一些集体活动，多看一些有关说话技巧训练的书；日常生活中保持谦虚、严谨的态度，等等。平时多注意，才能在重要场合不丢面子。

第 3 章

Chapter Three

尽快脱去孩子气，培养成熟心态

具备良好而成熟的心态，能够帮助我们重新审视自我与社会的关系，使我们理智地对待别人的意见和建议，让我们正视生活中的挫折与失意，从而更好地与人相处，更积极地面对生活，更快地成长、成熟起来，更接近成功。

不以自我为中心，懂得感恩和付出

美国的约翰逊博士曾说过："感恩是极有教养的产物，你不可能从一般人身上得到。"大千世界，芸芸众生，没有人可以孤立地生活在只有自己的世界里，每个人都在不可避免地与他人交往，谁都不会是世界的中心。对于别人，要常怀一颗感恩之心。懂得感恩，才会懂得付出和珍惜。

社会是一个复杂的整体，我们每个人都是这个整体中不可或缺的一部分，人与人之间的交往构成了繁复的社会活动。在你的周围，有没有这样的一种人：他们总是对别人的痛苦很冷漠，他们总是活在自己的世界里，他们只是一味地强调自己的感受却很少或从来不考虑别人的感受，等等。这样的人就是通常说的以自我为中心。

现如今，独生子女的家庭越来越多，父母以及双方家长全都围绕着一个小孩，尽心尽力地呵护、宠爱，以致养成了这些孩子任性、骄纵的性格。即使他们踏入社会，在家里养成的"小太阳"的角色也很难转换过来。他们有时候会理所应当地认为，其他人也应该像自己的家人一样，以他们为活动中心，所有的事情都以他们为先。对周围人的关怀和帮助也能坦然地接受，但他们不求为别人做些事情或是回报别人对他们的关怀与帮助。他们易骄傲、自负，往往看不起那些条件不如自己的人。久而久之，即使别人不会拒绝与他们交往，他们也会慢慢地将自己孤立起来，真正成为一个人世界的中心。

刘培基老师曾经说过："人不能太以自我为中心，别太把自己当回事，那样活着最累。"不论何时，我们都应该明白：地球不是以我为中心。"我"里有一把武器，以自我为中心的人，就好像背负着一把武器，在保卫自己的同时，还会伤害到其他人。

那些时时刻刻将自己放在"中心"位置的人，他们的内心其实是十分孤寂的，他们害怕别人忽略他们，他们总是过于刻意地将自己置于所有人、所有事的中心，他们只是自私地看到"自我"，殊不知，这样的刻意反而会适得其反，看不到别人的人，最终也会迷失自己。

当你不停地埋怨别人不会知恩图报的时候，你有没有仔细地想想：到底应该怪谁？这个世界上没有谁对谁的付出是理所应当的，即使是你的父母至亲。即使你再优秀，再有能耐，你也不过是这芸芸众生中的一员，相对于整个众生来说，你藐小得犹如一粒尘埃。所以，没有人有义务以你为中心，换言之，其他的人没有义务全围着你转。因此，当你请求别人帮助的时候，最好不要把头抬得太高；当你接受别人帮助的时候，最好对别人表达自己的感激。但是，当你选择去帮助别人的时候，不要期望一定要得到别人的感激，把付出与帮助别人当做一种快乐。这样，得到别人的感激你会很幸福，得不到别人的感激也不至于令你很难过。

李哲是个典型的"北漂一族"，是北京一家工程设计公司的工程师助理。一次他独自到新疆出差，任务完成之后准备买火车票回北京，但临时又接到公司电话需要再精确一下某项勘测数据，抽不出时间去买票，于是他就请接待单位的小吴去帮他买火车票。小吴是个热心肠的人，二话不说顶着大风直奔火车站。排了两个小时的队，却没买到李哲需要的车票。小吴空手而归，李哲心里很不高兴，不但没有对小吴最起码的感谢，还埋怨小吴没买到票耽误了他的行程。这让小吴心里很不舒服：排了两个小时的队，虽然没买到票，但是我没有功劳也有苦劳吧，你不但没有感谢的话，还埋怨我，我招谁惹谁了？一直到李哲离开新疆，小吴的心里都是别别扭扭的。

细心的人会发现，在我们的周围又何尝没有像李哲这样的人呢？别人帮他们办事，如果办成了，便态度殷切地说声"谢谢"、"辛苦"；如果没办成，就认为没有必要说"谢谢"了，反正也没有帮上忙。其实，这种心态是非常不正确的。不管别人有没有帮到忙，最起码人家已经尽了自己最大的力量去做了。如果不但不知道感谢对方，反而埋怨对方、不理解对方，时间久了，别人就会对你避而远之，等到你真正需要帮忙的时候，即使有人能帮也不见得会伸出援助之手。

人的一生是何其漫长，只有人与人之间相互协助才可以走得更远、更久。对待别人也好，对待生活中的不如意也好，都要常怀一颗感恩的心，这样才会拥有一个豁达的胸怀，你的人际关系也才会经营得圆满。

感恩是一种道德准则，是一种生活态度，是一种品德修养。在生活中，我们都应该学会感恩，懂得感恩。感谢父母的养育，感谢老师的教导，感谢朋友的关怀，感谢大自然的恩赐。对那些帮助过我们的人怀有一颗感恩之心，感谢他们让我们感受善良；对那些伤害过我们的人怀有一颗感恩之心，感谢他们让我们学会成长。感谢社会赐予我们的顺境，让我们体验幸福、快乐；感谢社会赐予我们的逆境，让我们学会坚强、宽容。只有懂得感恩，才会懂得付出；只有懂得感恩，才会懂得珍惜。

2005年的央视春晚，一支名为《千手观音》的舞蹈感动了所有的中国人，那是由聋哑女孩邰丽华领导20位聋哑演员排练出来的。邰丽华是位聋哑姑娘，她两岁时，因为高烧注射链霉素失去了听力，从此只能生活在无声的世界里。但她没有怨天尤人，而是依靠自己顽强的斗志、勤奋的努力以及从不放弃的拼搏精神，逐渐成长为中国舞坛上的一名新秀，也见证了残疾人敢于超越常人的奋斗奇迹。她还曾以表演舞蹈《雀之灵》被广大观众熟知，她也是中国唯一登上两大世界顶级艺术殿堂——美国纽约卡内基音乐厅和意大利斯卡拉大剧院的舞蹈演员。如今，邰丽华已和一位电脑工程师组成了幸福的家庭。邰丽华在接受采访的时候，曾"告诉"记者她所领悟的生活真谛："其实所有人的人生都是一样的，有圆有缺有满有空，这是你不能自己做选择的。但是你可以去选择看人生的角度，多看看人生的圆满，然后带着一颗快乐感恩的心去面对人生的不圆满。"

著名的佛学大师慧律禅师曾有言："尽量以施与代替取得，来减少心中的欲望。人生没有比这样更好的生活态度了。"如果想要真正的快乐，就不要去想别人会不会报答，我们付出只是为了享受施与的快乐而已。

凡事要以利于别人为前提，自己吃点小亏没关系，这样你赢得的是别人的友好与赞赏；如果凡事只想到自己的利益，只以自己为中心，那么你输掉的就是别人的友谊与信任。为人设想多，为己设想少，懂得感恩，学会付出，就是人生最为甘美的东西。

我们的生活中其实并不缺少美，只是缺少发现美的眼睛。常怀一颗感恩的心，才能懂得尊重——尊重别人，尊重生命；常怀一颗感恩的心，才能时刻发现生活的美好，才能懂得为别人付出，人与人之间的关系才更加和善，更加美好！

处世箴言

感恩，是人性本善的反映。不以自我为中心，懂得为别人付出、为别人思量，对别人的需要施以援手，帮助别人不求回报，这才是我们享受快乐生活之道，也是一种明智而又理智的处世之道，更是一个人提升自身修养的秘诀。

学会对自己的行为负责

　　美国前总统林肯在教育自己的孩子的时候，曾说过这样的一段话："每个人都应该有这样的信心：人所能负的责任，我必能负；人所不能负的责任，我亦能负。如此，你才能磨炼自己，求得更多的知识而进入更高的殿堂。"能够对自己的行为负责，拥有强烈的社会责任感，是我们每个人都应该具备的观念。

　　责任，是常伴我们左右的一个名词，但到底什么是责任呢？18岁是人生的一个重要的分水岭，是我们真正长大成人的标志。18岁之前的我们，还是个孩子，我们可以什么也不用想，什么也不用操心，只要开心地过着无忧无虑的生活就行。但是，18岁之后的我们长大成人了，我们背负了太多的责任以及太多的不能够。每次在想去做某一件事情之前，在心里总会有个声音在提醒我们：这件事能不能做，应该怎么做，做了之后会造成怎样的后果，等等。这就是责任。

　　对于生活，我们总会有太多太多的幻想与期望，我们总是想摆脱那些一直就存在着的束缚，去自由地做自己想做的事，去追求自己想要的美好，但是，很多时候我们不可以。因为，现实不允许，生活不允许。因为，对于生活、工作、家庭、友情、爱情等，我们都有摆脱

不了的责任。我们既要对自己负责，也要对家庭负责，还要对别人负责，更要对社会负责。

学会对自己的行为负责，勇于承担责任，是一个人真正成熟的表现。不管遇到什么样的事情，不管有再大的情绪，都会敢于为自己做过的事情负责。学会对自己的行为负责，勇于承担责任，是一个人真正成长的开始。成长是一个过程，也是一种心态的转变。对自己的行为负责是一个人成长过程中应该而且必须具备的优秀品质。

查尔斯·詹姆斯·福克斯是英国著名政治家，他在英国政坛上以"言而有信"获得了很高的声誉。当福克斯还是小孩子的时候，有一次，福克斯的父亲准备把花园里的小亭子拆掉，小福克斯对此十分感兴趣，一再地要求父亲拆亭子的时候一定要叫他，他要观察拆掉小亭子的过程。之后，小福克斯必须离开家几天。在离家之前，小福克斯再三央求父亲，一定要等自己回来才可以拆掉小亭子，父亲敷衍地答应了。但是当小福克斯回家之后，却发现小亭子已经被拆掉了。小福克斯心里很不高兴，并埋怨父亲不守信用，说话不算数。父亲经过前思后想，才想起自己曾经答应儿子的话早被自己忘到脑后了。于是，他决定向儿子认错："对不起儿子，爸爸错了，我应该对自己说过的话负责。"于是，父亲再次找来工人，在花园里同样的位置建了一座和旧亭子一模一样的亭子，然后当着小福克斯的面把"旧亭子"拆掉。后来，老福克斯总是说："言而有信，对自己的言行负责，这比万贯家产来得更为珍贵！"小福克斯也正是受到父亲的影响，才在政坛有了如此鲜明的形象。

英国人维克多·费兰克说过："每个人都被生命询问，而他只有用自己的生命才能回答此问题，只有以'负责'来回答生命。因此，'能够负责'是人类存在最重要的本质。"每个人之于社会，是作为个体而存在的。一个对自己都不负责的人，根本谈不上再去承担其他社会责任。对自己负责，就是对自己的言行负责，对自己的决定以其产生的后果负责，对自己的生命负责。这种责任是我们每个人都要承担的，而不是让别人来为我们分担。

责任，不是一个甜美的字眼，它没有柔和的光芒，只有冷峻的色彩。自我们成年，责任就作为一份礼物不知不觉地存在于我们的双肩。责任带给我们的往往是沉重的付出以及精神的压抑，我们为什么非要背负这样一个负担呢？因为，责任最终会带给我们人格上的伟大与升华。

20世纪初，弗兰克携妻女从意大利移民到美国。经过几年的辛苦努力，夫妻二人开了一家小小的储蓄所。由于夫妻二人的用心经营，储蓄所慢慢发展为小银行。但是，一场银行抢劫让弗兰克陷入了绝境。虽然法庭宣判责任不在弗兰克，但是弗兰克却决定用自己的力量去偿还所有的债务。别人不解，他回答道："是的，在法律上，也许我没有责任，但在道义上，我有责任，我应该还钱。"弗兰克夫妇以实际行动来履行承诺，这个承诺的代价就是三十九年的艰苦生活。当弗兰克寄出最后一笔"债务"时，他感叹："现在我终于无债一身轻了！"他用一生的汗水与心酸完成了他的责任，而留给世界的却是一笔真正的财富。

责任，是对我们的一种考验。能够对自己的行为负责，能够承担自己应该担负的责任，就是对考验的一种征服，也是对自己的一种征服。我们都会记得那个天黑了还不肯回家，仍然站在路边哭泣的小孩。当别的小孩都可以回家的时候，他却因为要站岗不能回家，但他宁愿为了不能回家而站着哭泣，也不会丢掉属于他的责任。

勇于对自己的行为负责，而不是把自己应该承担的责任推给别人去承受，才是一个成熟的人应该具有的行为方式。遇到问题，只是一味地怪别人，挑别人的毛病，这样的人永远不可能真正地长大。相反，先从自身找原因，进行自我反省与检讨，那么，不论是从精神上还是气度上都会得到一次质的飞跃。

我国古代的教育家、思想家孟子曾说过："爱人不亲，反其仁；治人不治，反其智；礼人不答，反其敬。行有不得者，皆反求诸己。其身正而天下归之。"这段话的内在含义就是：如果我爱别人但别人不亲我，就应该反思自己的仁是否有未至之处；如果我管理别人但别人不服管，就应该反思自己是否有不够合理之处；如果我以礼待人但别人不答理，就应该反思自己是否有不尊敬之处。凡事若不能如愿，就该反思自己的过失。自己行得正，那么天下自然就会听从进而归顺。

这样，出了问题先从自身反省，对自己的行为勇于担当，那么自己期望的成功也许就在不远处。

处世箴言

生命对每个人来说，都只有一次。每个人都应该明了自己的责任，勇于自省，学会对自己的行为负责，不推卸、不逃避、不抗拒，让"负责"成为脑海中一种强烈的思想意识，那么这种意识就会让我们更成熟，更勇于担当，表现也更为卓越。

积极的心态是成功的保证

　　被誉为"日本四大经营之圣"之一的稻盛和夫认为："人生的道路都是由心来描绘的。所以，无论自己处于多么严酷的境遇中，心头都不应该为悲观的思想所萦绕。"心态就像枚硬币，有积极的一面，也有消极的一面。积极的心态就像太阳，给予花草树木能量，保证花草树木的健康成长。

　　每个人都会希望自己的人生多一些快乐，少一些痛苦；多一些一帆风顺，少一些艰难险阻。但是，老天仿佛就爱跟人开玩笑似的，总是会让人有许多的不如意，家庭的矛盾、情场的失意、职场的烦恼，等等。这些磨难不是我们可以选择的，但是我们可以控制自己的心情，是积极地面对还是消极地应付？如果在挫折与苦难面前一味地沉沦，你的境遇只会更加糟糕。那么，为何不选择搏一搏呢？让自己的心情开朗起来，用积极的心态去面对一切的困苦与磨难，也许就会拨开乌云见阳光呢！

　　就像美国的成功学家罗宾说的一样："面对人生逆境或困惑所持的信心，远远比任何事情都来得重要。"的确，在人生的不如意面前，用积极的、向上的、健康的心态去面对，就会让自己拥有冷静的头脑、果敢的判断力、坚毅的勇气，任何的不顺与烦恼都可以解决，那岂不比自怨自艾、唉声叹气、虚度光阴要好很多吗？

当一个人心情好、心态好的时候，就会觉得世界上的一切都是美好的——天更蓝了，云更白了，风更清了，周围的笑脸更多了；反过来，如果一个人心情不好、心态消极的时候，世界的一切在他的眼里都会变得灰暗许多——他看不到蓝天是因为有乌云，他感觉不到清风拂面，只觉得烦躁不堪。

经常漫步纽约街头的人都会记得那个总是微笑着的卖花老太太。她的衣服很破旧但是很整洁，她脸上布满皱纹但是总在微笑。有个人买了一朵花之后对她说："您看起来总是很高兴。"老太太笑着回答："为什么不呢？生活中的一切都是这么美好。"买花的人又问："您为什么能一直这么开心呢？"老太太回答："耶稣在星期五被钉在十字架上，那是全世界最糟糕的一天；可是，三天之后又复活升天。所以，每次我遇到不幸时，我就会对自己说，再等三天，三天之后也许一切都会好的。"

你看，这个卖花老太太是多么平凡的一个人，但她却一直在用一颗不平凡的心来看待世界。生活就像一面镜子，你给它什么样的表情，它也会回报给你什么样的表情。老太太一直都是用一颗乐观的心、一双乐观的眼睛来看待生活，所以，生活回报给她的就只有快乐与满足。

我国著名的国画家俞仲林，十分擅长画牡丹。有人十分仰慕俞仲林所画的牡丹，在求得一幅俞仲林亲手所绘的牡丹之后，挂在客厅，日日欣赏。有一天，此人的朋友们来家作客。其中一个人看到客厅所挂的牡丹，大叫"不吉利"。众所周知，牡丹是富贵的象征，而俞仲林的这副牡丹没有画全，缺了一角，岂不是"富贵不全"吗？主人也觉得不妥。正想将画摘下来，准备拿回去让俞仲林再重新画一幅。但是，另外一个人却说"不可"，众人问为何，这位朋友说："牡丹代表富贵，既然画作缺了一个边，那不正是'富贵无边'吗？"主人一听，也觉得有理，高高兴兴地继续与朋友们谈画赏作。

你看，同样的一幅画，只因为人的心态不同，得出的结论也完全不同。

无论是顺境还是逆境，我们都要拥有一颗乐观向上的心，以一种积极的心态去面对一切，那么你就会发现，自己所经历的一切跟整个生命过程比起来，其实都是微不足道的。困难其实并没有大小之分，决定困难"大小"的其实只有人的心态。当你用消极的心态去面对时，即使很小的困难也会被你用放大镜放得很大；当你用积极的心态去面对时，即使再大的困难也不算什么，也是可以克服的。

积极的心态又被称为"我能，我要（I Can，I Will）"哲学。积极的心态可以给我们一种心理暗示，帮助我们建立积极、健康的思想意识，进而走出绝望与消沉。"两个人从监狱的铁窗向外看，一个看见的是烂泥，另一个看见的却是星星。"结局可想而知，看见烂泥的整日浑浑噩噩等死，看见星星的积极表现，最终减刑出狱。

美国的另一位成功学学家拿破仑·希尔说过这样的一段话："人与人之间只有很小的差异，但是这种很小的差异却造成了巨大的差异！"很小的差异就是人在困境时所具备的心态是积极的还是消极的，巨大的差异就是指人的成功和失败。没错，一个人的心态总是会对人的思想、行为甚至命运起到决定性的作用。

成功的人往往具有积极的心态，即PMA（Positive Mental Attitude）。他们十分善于运用这条PMA定律来指导自己的人生，在他们的思维意识里，积极的思考、乐观的精神以及丰富的经验总是自己人生的主宰，在遇到问题、困难的时候，他们也能保持积极奋发、乐观进取的心态。

《人与蜘蛛》的故事给予我们深刻的启示：大雨过后，由于墙壁的潮湿，蜘蛛只好艰难地向已经支离破碎的网爬去。它爬到一定的高度之后总会掉下来，它也只能一次又一次地向上爬……第一个人看到了，叹气："我的人生不正像这只蜘蛛吗，忙忙碌碌而无所为。"于是，他日渐消沉，最终困窘潦倒。第二个人看到了，说："这只蜘蛛真笨，为什么不从别的地方绕路爬上去？"于是，他只会"走近路"、贪一些小便宜，也没什么成就。第三个人看到了，他被蜘蛛屡战屡败、锲而不舍的精神感动了，于是他变得坚强而勇敢，不言败、不放弃，最终成就了自己的一番事业。

积极的心态能够使人面对困难不退缩，保持积极进取的斗志，对人生充满希望。贝多芬遭遇了生活中的重大不幸——失明、失聪，但他没有被击倒、没有退缩，而是积极地去面对，为我们奏响了生命的绝唱——《命运交响曲》；司马迁遭受了人生中的非人虐待——宫刑，他也没有气馁、没有放弃，而是勇敢地与命运作斗争，为我们留下了文坛的绝唱——《史记》。

积极、自信的人生态度，能够帮助我们拥有坚韧与勇敢，使得我们无论身处何种困境，都不会对自己失望，而是相信自己可以走出困境。也正是这种乐观向上的心态，使我们在面对困境的时候，才会冷静地思考、积极地想办法，才会尽可能快地走出困境。

尼采说："受苦的人，没有悲观的权利。"的确，战场上没有怕死的权利，火场里没有怕熏的权利；只有不怕死的士兵才能取得最终的胜利，只有不怕熏的人才能最终逃出火场。只有在困境时保持乐观、积极的心态的人，才能克服困难，走出困境，才会是那个"笑到最后的人"。

处世箴言

　　当你遭遇挫折或陷入困境时，不要心灰意冷、自怨自艾，保持一颗积极、乐观的心，才能坚持住自己的坚强与勇敢，才会从绝境走到坦途，从失望中看到希望。要想改变世界，就要先改变自己；要想改变自己的人生，就要先改变自己的心态。

懂得退让，不可事事逞强

明人洪应明在其《菜根谭》中有这样的说法："处世让一步为高，退步即进步之张本；待人宽一分是福，利人实利己的根基。"无所畏惧、一往无前是勇者的气度，而适时妥协与退让则是智者的选择。遇事不逞强，懂得退让，不仅是一种处世态度，也是成功路上积聚的一笔财富。

古人云："忍一时风平浪静，退一步海阔天空。"在日常生活中，如果我们能做到宽怀大度、适时退让，自然就能远离是非，畅享人生。我国自古就是一个礼仪之邦，"忍"、"让"也是中华民族一直提倡的传统美德。"径路窄处，留一步与人行。"虽然总说"狭路相逢勇者胜"，但是，你有没有考虑过，如果双方都强大到一定地步，不分伯仲，那么就不一定是"勇者胜"，而有可能是两败俱伤了。两人行至羊肠小路，如若争先恐后、互不相让，那么两个人都可能坠入深谷，万劫不复；何不侧个身，给别人留一步路，容对方先过去，那么既避免了双方俱伤的局面，也为自己赢得礼让的美名，何乐而不为呢？

在我国历史上，"仁义巷"不仅仅是一个传说，是一个美谈，更是中华民族传统美德的彰显，是告诫世人的典范与楷模。

"仁义巷"也称"六尺巷"，是明朝宰相郭朴的祖宅所在地。当年，郭家与王三成比邻而居。王家因房屋扩建，占了郭家一墙之地，郭家气愤不过，与王家发生争执，矛盾升级眼看要发生冲突。情急直下，郭家派人送信至京城郭宰相处，希望他出面干预能为家人撑腰打气。郭朴只是让人带回一封信，郭夫人拆开信只见一首诗：

"千里捎书只为墙，让他三尺又何妨。万里长城今还在，不见当年秦始皇。"

郭夫人看罢信，觉得还是宰相大人说得有理，于是就让家人从自己家宅院的一边又让出了三尺宽的地方，让王家使用。王家见郭家不仅不争回自己被多占的地方，反而又让出三尺，很是感动。郭家不仗着有宰相撑腰，反而如此高风亮节，真是"宰相肚里能撑船"，令人敬佩不已。于是，王三成也吩咐自己家人把墙拆了，而且也后退了三尺。就这样，由于两家的你让我、我让你，原本是三尺宽的小巷子变成了六尺宽，称为"六尺巷"。人们为了感念郭宰相的大义让宅的品行，将这条小巷也叫做"仁义巷"。

人们谈到"妥协"、"退让"，总会以为那是弱者才有的表现。但是，在这条"仁义巷"，退让不仅不是示弱，而是一种谦让的美德，是智者的智慧。

当一个人还没有超出众人的实力，还不能称之为一个"强者"的时候，该低头的时候就该把头低下来，退后一步向别人学习，博采众长之后方能水到渠成。要知道，低下头之后再抬头，会比原来看得更远；有时候，退一步是为了更好地进步；妥协退让、低头示弱，是为了以后逞强。

寒冷的冬日，大雪压枝的时候，为什么只有雪松能够生存下来？

为什么柘树、柏树等同样耐寒的树木却很难生存呢？是因为当积雪到达一定的厚度时，雪松那富有弹性的枝桠就会慢慢向下弯曲，于是积雪就会一点一点从树枝上滑落；待树枝上的压力减弱之后，刚刚弯下去的枝桠又会反弹回来。就这样，反复地积雪、反复地弯曲、反复地落……不论什么时候，雪松都会依然保持苍翠挺拔的身姿。大雪纷飞时候的雪松，是智者，也是勇者。它懂得自己之于大雪，不过鸡蛋之于石头，如果正面与其抗争，只会是自取灭亡；只有适时地低头、让步，才会有反弹的机会。

刚则易折，柔能持久。面对逆境和压力，我们每个人都一样，既要拥有毅力、坚持抗争；又要适时退让，像雪松一样以退为进，万万不可逞强蛮干。

在深海之中，有一种非常漂亮的鱼类，叫马哈鱼。此类鱼银肤、燕尾、大眼睛，只有在春夏之交繁育后代的时候，它们才会成群结队地游到浅海域。而此时，对渔民来说也是捕获马哈鱼的最佳时机。马哈鱼不只是有一副美丽的外表，还拥有极强的"个性"——遇事只知道闷头向前冲，从不知后退，即使是已闯入天罗地网也不会停止。渔民们在捕捉马哈鱼的时候，只需要用一个孔目粗疏的竹帘，在下端系上铁坠放入水中，由两只小艇拖着拦截鱼群即可。只要有第一只马哈鱼"不慎"进入渔网，几乎后面所有的马哈鱼都会前赴后继地跟着进入竹帘孔中。而渔夫只要一拉绳子，帘子收紧，就会把所有的马哈鱼困紧在里面。马哈鱼被困住之后，只知道更加愤怒地向前冲，结果只能是被卡得更死，渔夫们十分轻松地就可以捕捉到大量的马哈鱼。

在我们人生的道路上，许多人都把"不屈不挠"、"宁折不弯"作为自己的座右铭，时时鼓励自己要勇往直前。要成功，这种韧劲与毅力是不可或缺的，但是如果只是一味盲目地向前冲，最后的结果很可能就跟马哈鱼一样，掉进别人的陷阱仍不自知，或是输掉自己以及自己拥有的一切。要知道，"枪打出头鸟"，猎人的枪总是会指着最露锋芒、最逞强的那只鸟。

《老子》中有云："善为士者，不武；善战者，不怒；善胜敌者，不与；善用人者，为之下。是谓不争之德，是谓用人之力，是谓配天古之极。"这段话的意思是，善于领兵作战的将领，不逞其勇武；善于作战的人，不容易被激怒；善于取胜的人，一般不与敌方正面交锋；善于用人的人，对待别人谦下而忍让。这叫做不与人争的品德，这叫做运用别人的能力，这叫做符合自然的道理。

当我们看到无头苍蝇多次碰壁的时候，大多忍俊不禁，嘲笑苍蝇的呆傻。其实，在我们的周围，抑或我们自己，又有多少人不知审时度势、不知随机应变，而到处碰壁呢？不管是在什么时候，我们都要保持清醒的头脑，在世事的曲折变化中，及时调整策略，懂得低头退让。因为，真正的强者必定不会是一个只懂逞强的人；而一个懂得退让的人，其心里必然装着整个大局。

处世箴言

漫漫人生几十载，没有人总是一帆风顺，总会有路遇南墙、遭遇绝境的时候。而这种时候，就不得不回头、不得不示弱。有时候，退一步是为了日后踏千重山、破万里路。要记住：处处逞强必受伤，退一小步是为了进一大步。

不可过于虚荣与爱面子

哲学家培根说过："一切恶行都围绕着虚荣心而产生，并且都不过是虚荣心的一种表达方式。"虚荣就像是一件五彩斑斓的外衣，华美的不过是外表，不但不会让心灵变得美好，反而会让心灵变质。我们每个人都应该拒绝虚荣的外衣，不要让浮华遮住自己的目光。

战国时期的思想家荀子在其《礼论》中曾说："人生而有欲，欲而不得，则不能无求。"意思就是说，我们每个人生下来都是有欲望的，欲望得不到满足就不得不去追求。虚荣，就是一股强烈的欲望。人与人之间总会或多或少地存在差距，而这种差距就使得人们无形之中总会与别人进行一番攀比。如果别人不如自己，就洋洋得意、自命不凡；如果别人比自己好，就容易产生忌妒，甚至仇恨心理。

无论是忌妒，还是攀比，都会让人们不知不觉地沦为虚荣的奴隶。培根就曾说过："虚荣的人被智者所轻视，被愚者所倾服，被阿谀者所崇拜，却为自己的虚荣所奴役。"过于爱慕虚荣的人往往将面子看得很重要，属于"死要面子活受罪"的类型，他们往往喜欢炫耀自己，借此来抬高自己的地位。

我们谁都不是圣人，都会有自己小小的虚荣之心，都会期望别人看到的只是自己的长处与优点，以得到别人的注意和赞扬。对此，我们无可厚非，因为虚荣心本就是一种很复杂的社会心理现象，不论是谁都很难说清它的对与错。但是，对于虚荣心，我们要理智地对待，切不可因为虚荣之心害人害己。虚荣是人的一种心理需要，它具有双重作用：正确地利用虚荣心，将其与上进心联系在一起，就会调动人的工作积极性以及工作热情；如果只是一味地为了自己的面子，而被虚荣心牵着鼻子走，那么就会给工作以及人际关系造成消极影响。

《孟子·离娄下》中有这样的一个小故事：在齐国有一个人，家里有一妻一妾。丈夫每次出门，回来时必定是吃得饱饱的、喝得醉醺醺的。妻子问他跟谁一起吃喝，他说都是城里一些有权有势的人。但是，他的妻子却对妾说："丈夫每次出门，都说是跟一些有权有势的人一起吃喝，但是从来没有见过什么有权有势的人到家里来，所以明天我打算偷偷地跟着他，看他都到什么地方去。"第二天，丈夫告别妻和妾，跟往常一样大摇大摆地出门了。妻在后面尾随，看到全城的人，没有一个停下来跟丈夫说话。最后，她尾随丈夫到了东郊的墓地，发现丈夫向祭扫坟墓的人要一些剩余的祭品吃——一家不够要多家，这就是丈夫每天酒足饭饱的方法。妻子回到家，把她见到的告诉了妾："丈夫是我们终身仰望和依靠的人，可他竟然是这样的人！"二人在屋中哭泣、咒骂，丈夫洋洋得意地从外面回来，依旧在他的妻和妾面前耍威风。

虚荣心往往来自于自己的需要得不到满足，而那些过度爱慕虚荣的人也会因过于追求面子上的好看，而不顾现实条件，最终不但危害到自己，甚至会危害到身边的人。那些过于爱慕虚荣的人，内心往往是痛苦的。就因为他们只是具有表面的虚荣，才造成了内心的空虚。

当表面的虚荣与内心的空虚总是不断地斗争、冲突的时候，虚荣者总会处在既因为自己不如他人而痛苦、又害怕真相败露的矛盾中。因此，这类人终归是不会有真正的幸福可言的。

从另一个角度来看，过度的虚荣心其实是一个人选择用不恰当的方式来保护自尊心的一种心态，是为了赢得社会的注意与赞赏的一种不正常的社会情感。而小小的虚荣，可以当做是一个人爱面子的表现。从古至今，不论是英雄豪杰，还是市井小人，都会对自己的面子十分注重。上面例子中提到的那个"齐人"，就充分体现了市井小人对面子的过分看重。而现今社会，人们对于自尊心的过分维护以及爱慕虚荣的现象也是屡见不鲜，尤其是在当下的年轻人当中。

小刘是一个十分注重自己形象的人，她可以把大部分的工资都用来包装自己——考究入时的服装，光彩夺目的首饰，名贵艳丽的化妆品，等等。她总是习惯向别人炫耀，在她看来，外表的光彩就是无上的"荣耀"。殊不知，周围同事对她的这种行为都很不屑，过分的虚荣只能是让她"高高在上"。尽管她对人也十分热情，但是别人都不是很喜欢跟她打交道。

顾名思义，"虚荣"就是虚假的荣誉。过于爱慕虚荣，得到的只是一时的、面子上的满足，带来的却是内心的、长久的空虚。虚荣就像是一个华美不实的梦，在梦中，你看似拥有了全世界，等你醒来，才发现，你什么也没有。一切不过是镜花水月，梦一场，空一场。既然如此，与其去拥抱一个虚幻的梦，倒不如踏踏实实地努力，真真切切地提升自己，让自己真正地成为比别人更优秀、更厉害的强者！

在此，用戴尔·卡耐基的话与大家共勉："无论何人，如若追求虚荣，不务实际，即使身体强壮，也会使体力逐渐枯竭；精神充沛，也会被消耗殆尽。任何虚荣的行为，只能使他人蒙蔽一时，结果终被人拆穿，受人丢弃。反之，无论哪个人要是诚实不欺，趋向实际，一时或许不会被人注意，但最终可以增加声望，增进名誉。即使在漫长的生活历程中，遭遇无可避免的狂风暴雨袭击，也可以如履平地，不会受到摧残。"

处世箴言

　　五彩缤纷的世界，既有精彩也有无奈，我们每个人都要经受各种考验与磨砺。正确地评价自己，客观地看待"面子"问题，远离虚荣，让眼前的浮华之云飘散，明理、务实、自信、自强，这样才会成长为一个成熟的人。

认真对待别人的意见，不可固执己见

被誉为"欧洲文艺复兴时期最完美代表"的达·芬奇曾说过："应当耐心听取他人的意见，认真考虑指责你的人是否正确。如果他有理，你就修正自己的错误；如果他理亏，你只当没听见。"人无完人，谁都会犯错误，认真听取别人的正确意见，可以很好地帮助你修身、正己。

俗话说："金无足赤，人无完人。"漫漫人生路，我们总会遇到大大小小的岔路口，总要作出选择：向左走还是向右走？即使是圣人，也不可避免地会选择错误，更何况并不是人人都是圣人。当局者迷，旁观者清，每个人在需要作出选择的时候都会迷茫，在选择错误的时候会懊恼，为什么自己拥有了足够的自信还是会犯错呢？其实，在做这种抉择的时候，光靠自己的自信与经验是远远不够的，还应该多听取别人的意见，从别人的经历当中吸取经验教训。这样，就可以帮助我们在选择的时候不至于走许多冤枉路，选择错误之后不至于一味懊恼而浪费补救的最佳时机。

人生并不是一道判断题，除了"对"与"错"没有其他答案；人生可以是选择题，有备好的选项去供你选择；人生可以是论述题，只要不抛离主题就可以任你去发挥。人的一生，许多事情是没有答案的；即使有，也不是唯一的答案。对此，我们可以坚持自我，但不允许固执；可以允许自己改变答案，但是不允许随便改变。

　　大多数时候，年轻人都是心高气傲、倔强而又固执的。他们对于别人的意见常常不屑一顾，他们往往认准一条道走到黑、不到黄河心不死，他们认为听从别人的劝告或意见就是对别人的认输。有时候，就为了赌一口"不服输"的气，他们的坚持往往会呈现一种缺乏理智的状态。二十几岁的年轻人，是爱面子、固执、不服输的一代，一旦某些想法在脑子里形成，就恨不得立刻去实践它，不管别人怎么劝说，不管外界阻力如何强大，都很难改变他们脑中那种根深蒂固的想法。

　　执著，是一种美，是锲而不舍；而固执，是一种傻，是执迷不悟。固执的人，是对自我思想的一种封闭——将自己的思想封闭在一个狭小的空间，就如同井底之蛙。抬头也只能看到井口大的一片天，怡然自得之余错过了井外许多美丽的风景。

　　一代"西楚霸王"项羽，其性格中就有一个致命的弱点，即过于自信，刚愎自用。出众的军事才能、显赫的地位、称霸天下的雄心，使得项羽在军事活动上不听取别人的意见，基本上完全按照自己的意愿行事。项羽只有一个谋士，就是范增。范增对项羽说："我仔细观望了云气，只见刘邦头顶上五彩缤纷，显现出盘龙卧虎的形势，此乃天子的征兆。"于是，建议项羽以一场"鸿门宴"杀了刘邦。而刘邦听取张良的计策，假意顺服，骗过项羽，逃回蜀中。范增听闻刘邦逃脱，竟"拔剑撞而破之"，并说："唉！竖子不足与谋。夺项王天下者必沛公也。吾属今为之虏矣！"此次"鸿门宴"项羽的不听劝就预示了他日后必定会兵败身死的惨剧。项羽作任何决定从来不跟别人商量：决定杀掉刘邦，是因为怒火；决定放掉刘邦，是因为轻信。项羽刚愎自用、过于自信，"孤家寡人"的他注定斗不过能人、谋士众多的刘邦。兵败乌江之时，也不听渔夫劝告，一句"无颜见江东父老"，便自刎而死。项羽的悲剧就在于其闭目塞听、固执己见。

有时候，人生就像走迷宫，并不是只有一条出路。这一条路走到头了、撞墙了，回过头来再去选择另外一条又何妨？何苦一条路走到黑、撞了南墙也不回头，"山重水复疑无路"的时候，转个弯，也许你就会发现"柳暗花明又一村"。

著名的心理学家罗洛梅说过："许多人觉得，在命运面前，自己的力量微不足道，打破现有的框架需要非凡的勇气，因而许多人最终还是选择了安于现状，在这些人看来，这样似乎更舒服些。所以，在当今社会，勇敢的反义词不是懦弱，而是因循守旧。"

在现在的社会当中，有一些人极为固执，他们明明知道自己的错误，却对别人的劝谏置之不理，仍然坚持自己的观点和做法。纵观古今，那些有大将风度的人，往往也会具有谦逊的美德，他们乐于并且善于听取别人的意见。唐太宗就是经常听取别人的劝谏，才会有了之后的"贞观之治"。

唐太宗开创了历史上的"贞观之治"，是历史上少有的圣明君主，他以广开言路、虚心纳谏而著称。有一次，太宗与群臣廷议的时候，突然说："朕今天想听听别人说自己的过失，你们说说朕都有什么过失。"很多大臣都怕惹祸上身，故而推辞，说陛下盛德以达天下太平，他们没有发现有什么过错。只有尚书右丞刘洎说道："可是近来有人上书不符合圣旨，有时陛下当面追根问底，没有人不羞愧汗颜，这恐怕不是进言的人乐意走的路。"太宗说："你的话说得对，朕能改正。"太宗时期，以直言敢谏著称的大臣魏征，就经常犯颜直谏，太宗对于魏征提的意见也多会采纳。可以说，没有魏征的直言敢谏，没有太宗的虚心听取，就没有之后的"贞观之治"。魏征去世之后，太宗每每想起这位谏臣，就感慨万千。太宗曾说："夫以铜为镜，可以正衣冠；以古为镜，可以知兴替；以人为镜，可以明得失。朕常保此三镜，以防己过。今魏征殂逝，遂亡一镜矣！"

现代社会的瞬息万变常常让我们无所适从，每个人的认知都是有限的，谁也不能说他比其他人所知更多，谁也不会预料到下一秒钟会发生什么。所以，我们每个人都应该善于用"第三只眼睛"观察世界，即通过别人的意见或建议来自省，以达到完善自我的目的。

当局者迷，旁观者清，我们思维、个性当中的不足，仅仅凭借自省，是远远不够的。《诗经·小雅·鹤鸣》中讲："它山之石，可以攻玉。"同样的，他人之言，也可以善我。《论语》中子曰："二人行，必有我师焉。择其善者而从之，其不善者而改之。"听取他人意见，适时改正，是审视自我、完善自我的必经之路。

美国的威克教授曾经做过这样一个试验：将一只蜜蜂放进一个敞口玻璃瓶里，然后将瓶底朝向光亮的一方。这时，蜜蜂在瓶中会反复地、坚持地向着有光亮的方向飞。无论它怎样地努力，左冲右撞，就是不可能从有光亮的那一个方向飞出去。最后，只能是力气殆尽，奄奄一息。其实，这个蜜蜂就是个十分固执的代表，它认准了那一道光亮，却不知道出口恰恰在光亮的反方向。如果它懂得换个角度，不要如此固执，也许就不会是这样的结局了。

生命当中不只坦途，也会有泥泞、坎坷的小路，有转弯处也有绝路。我们既要沿着路的方向，走自己的路；在岔路口的时候还要认真听取别人的意见，而不是固执地一路走下去不回头。固执己见会让你错过人生道路上许多美丽的风景，也会让你失去许多知心的朋友。

处世箴言

一个人只有超越固执，才能获得成熟。要避免固执的心态，不仅仅应该正确而全面地认识自己，还应该正确地认识别人。尺有所短、寸有所长，每个人都应该认识到自己的不足、别人的长处，这样才会虚心地接受别人的意见，及时地完善自己。

不与批评自己的人为敌

夏衍在其著作《生活、题材、创作》中曾这样说："我们不该把批评家当做敌人，而应该把批评家当做诤友。"真正的朋友不仅会在你获得荣誉的时候锦上添花，更会在你出现错误的时候忠言逆耳。就像陈毅元帅说的："难得是诤友，当面敢批评。"

"人非圣贤，孰能无过"，漫漫人生几十载，失误总是难免的。即使是圣贤，也会有犯错的时候，更何况我们这些凡夫俗子？犯错并不可怕，可怕的是犯了错仍不自知，以致下次还会犯同样的错误。这时候，由于我们都是"当局者"，总会被一些因素所迷惑，不能直观地认识到自己所犯的错误，就需要一些"旁观者"来直言不讳地指出错误或者对我们提出批评。只有这样，我们才能清楚地认识到自身的不足，"过而能改"，那么又何尝不是"善莫大焉"呢？

对于朋友，我们总是很挑剔，有的朋友经常说一些赞美、恭维的话，这些话都是顺耳的、都是我们喜欢听的，我们大部分人都会喜欢这样的朋友；而有的朋友由于经常给你提意见、经常指出你的不足，因为这些话太过直爽、太过刺耳，而让你觉得这些朋友都是故意给你难堪，故意诋毁你，居心叵测，以致他们被你放在了朋友圈子的最外环。其实，在经过一些事情之后，在你经过认真地反思之后，你会发现，只有那些经常指出你的不足、经常给你"泼冷水"的朋友，才是对你的修身、正己、进步有真正好处的人。

为什么你会害怕别人的批评，害怕听到别人的反对意见？为什么你讨厌那些对你指指点点的人？原因其实很简单，就在于他们的批评是在迫使你去面对自己的不足，去正视自己的错误。因为不愿意正视自己，才会宁愿躲在不足的背后，所以，你在听到别人的批评与意见时才会有不高兴、反感的表现。其实，你应该明白，能够敢于批评你的人，今天或许是你的敌人，日后可能会成为你的朋友，而且是益友，是诤友。

大伟进公司两年了，但是他近来总是觉得自己在领导面前有些压抑。在跟经理聊天的时候，经理说："大伟啊，你其他方面表现都不错，但是，你对人不够诚恳。"经理的话让大伟大吃一惊，并且在之后的几天对大伟产生了很深的影响。

这种影响不仅在于经理是大伟的领导，大伟因为被批评而受到触动；还在于经理对大伟的评价让大伟对自身产生了怀疑。一直以来，大伟都觉得自己是个诚实、稳重的人，但经理说的"你不诚恳"让他重新对自己进行了一番认识。大伟的性格生来就比较内敛，不愿与人发生争执，而

且也不愿意别人因为自己的言行而不愉快。所以，如果是什么讨论的场合，即使是他有意见，也会担心自己的想法会不会被接受，会不会让人感到不愉快，等等。以致他经常会把自己真实的想法埋在心里，可能此时他的表现确实是不够真诚、不够坦率吧！

听了经理的评价，自己也想了许多，于是大伟就尝试改变自己的做法。在公司，对于一些需要讨论的事情，他都会尽量合理地提出自己的意见，与大家开诚布公地摊开来谈。很长一段时间之后，大伟明显地觉得自己开朗多了，人际关系也改善了很多，而且即使以后工作的环境复杂了很多，大伟也能很快地适应过来。后来大伟在跟自己的下属谈话的时候，特别提到了当初经理跟他的谈话，他说："我一点都没觉得经理是在故意针对我，我只是感谢他，让我在以后的岁月中，不管多难听的批评我都能听进去，并从中找出自己的不足，很快地完善自己。"

如果你错了，没有人告诉你，那是因为别人忽视你，甚至放弃了你；而只有那些对你提出批评的人才是真正想帮助你的人。那些勇于当面指出朋友错误、勇于为"头脑发热"的朋友"泼冷水"的人，才是你人生当中最应该交的朋友，而也只有这些朋友也才会对你的自身进步有很大的帮助。这样的朋友，就是我们的诤友。

真正的朋友会成为我们一生的财富。诤友对于我们来说，是可贵的，其可贵之处就在于他们会跟我们坦诚相见，对于我们的错误、不足绝不粉饰，而是以高度负责的态度为我们指正。我国自古就讲"益友、诤友"，讲"砥砺岂必多，一璧胜万珉"，意思就是说，交朋友不在数量的多少，而在于交那些真正对自己有益的朋友。

诸多类型的朋友，只有诤友最难结交。诤友一般都有丰富的知识与阅历，对生活有深刻的理解和认知，有直言敢谏的魄力以及宽广博大的胸襟。他们往往对待自己朋友身上的缺点和不足是绝对不会"口下留情"的,往往是直截了当、一针见血地指出来或进行批评。他们往往不会顾忌朋友一时的不痛快,看重的却是朋友长久的进步与发展。而如果要想结交到这种珍贵的朋友,自身也必须具有宽广的胸襟以及认识到自身缺点、改正错误的勇气。

试想,如果唐太宗没有"从谏如流"的胸襟与气度,不"以人为镜",不用诤臣、不结诤友、不开言路、不明得失,那么又哪来"贞观之治"的盛世呢?如果"西楚霸王"项羽听得诤言、容得诤友,就不会失韩信、失范增,那么会不会也就没有项羽兵败乌江、自刎而死的结局呢?

扁鹊第一次觐见蔡桓公的时候,就告诉他:"您的病在皮肤,如果不及时医治,恐怕会严重起来。"蔡桓公认为扁鹊只是为了赚钱,不予反应。十天之后,扁鹊再次觐见蔡桓公,说:"您的病在血脉,如果不抓紧医治,就会更加严重。"蔡桓公仍旧是不予理睬。又十天之后,扁鹊对齐桓公说:"您的病已到肠胃,如果再不医治,就会更加严重。"蔡桓公勃然大怒,将扁鹊轰了出来。又十天之后,扁鹊第四次觐见蔡桓公,此次他什么也没说,而是急忙撤身而出。蔡桓公奇怪,派人去问,扁鹊回答:"前几次主公的病还比较轻,很容易根治;而现在病已经侵入骨髓了,我治不好了。"扁鹊为怕蔡桓公降罪于己,连夜逃跑。果然,五天之后,蔡桓公浑身疼痛,派人寻扁鹊未果,就这样死了。

像这种"讳疾忌医"的人,对于诤友的意见与建议,往往不以为然,依旧我行我素。而自己也只会是由开始的"小痛小病"发展为之后的"病入膏肓",终究会落个"不治身死"的下场。纣王如此、项羽也如此,正是因为听不进诤言,才会落得国破、身死的结局。

　　益友的批评、指责就像是一面镜子，让你更加清楚地认识自己。如果你躲开或拒绝这面"镜子"，那么你就可能错过改正自己、完善自我的机会。那些经常给你意见或建议的朋友，或者是经常批评你的朋友，他们教会你的往往是冷静与隐忍，而你也将收获颇多。

处世箴言

　　真正的朋友，应该是诤友，直言不讳。当别人对你提出批评的时候，不要急于做出反应，也不要急于反击，而是冷静地思考一下，"假若自己真的有不足之处，及时的改正总好过一次争执"。我们都应该感谢那些批评我们的人，是他们给了我们一次完善自我、取得进步的机会。

正确对待挫折，有一定的抗压能力

西方流行这样的一句谚语："从来就没有所谓的失败，除非你不再尝试。"在人生的道路上，总会遇到大大小小的挫折与磨难，如果向挫折低头，在挫折面前不再尝试，那么你也许永远不会有成功的时候；相反，如果跌倒之后勇敢爬起来，不断地尝试，那么，成功也许就在不远处向你挥手。

成功，是每个人对自己未来的期许；成功，也是一个人的幸运。但是，成功不是路边的石子，随处可寻；也不是草丛里的小草，到处可觅。成功，是一个漫长的过程，成功的道路上荆棘密布，充满了坎坷与挫折。能够勇敢地披荆斩棘到达终点的人，无疑会是我们心中的英雄，是勇者，是胜者。

人生在世，总会有许多的挫折、苦难与不幸，对此我们不必自怨自艾，也不必怨天尤人。正如孟子所说的："故天将降大任于斯人也，必先苦其心志，劳其筋骨，饿其体肤，空乏其身，行拂乱其所为；所以动心忍性，曾益其所不能。"挫折与苦难之于我们，就像阳光之前的乌云、彩虹之前的风雨，只有从乌云中挣脱出来的阳光才更加灿烂，只有经历过风雨洗礼的天空才会绽放出绚丽的彩虹。

　　法国著名作家巴尔扎克就说过："挫折和不幸，是天才的晋身之阶，信徒的洗礼之水，能人的无价之宝，弱者的无底之渊。"的确，在挫折面前，弱者会将每一个挫折都当做一次失败，从而颓废不前；只有强者，才不会将挫折看成失败，而是愈挫愈勇、从不言败，他们总是对自己说："我并没有失败，我只是还没有成功而已。"

　　我国明代的史学家谈迁，在专攻明史之后觉得其中存在诸多错漏，立志以自己之力编写一部真实可信的符合明代历史事实的明史。于是，在此后的长达二十六年中，他到处访书抄借、市阅户录，饥梨渴枣、广搜资料，终于穷五年之功完成初稿。后又陆续改订，积二十六年的不懈努力，六易其稿，撰写成了百卷五百万字的巨著《国榷》。岂料，两年后，书稿被小偷偷走。谈迁忍住悲痛，发奋重写，埋头书案又将近十年，才完成了《国榷》第二稿。之后的三年，他又走访明朝遗臣故旧，搜集明朝遗闻、遗文以及有关史实，加以补充修订，才最后定稿。可以说，这部《国榷》是谈迁呕心沥血之作。试想，如果谈迁在遭受初稿被偷的挫折之后就一蹶不振，那么就不会有谈迁十三年之后的成功，也就没有这部巨作的问世了。

　　西汉史学家司马迁在其《报任安书》中写道："古者富贵而名摩灭，不可胜记，唯倜傥非常之人称焉。盖文王拘而演《周易》；仲尼厄而作《春秋》；屈原放逐，乃赋《离骚》；左丘失明，厥有《国语》；孙子膑脚，《兵法》修列；不韦迁蜀，世传《吕览》；韩非囚秦，《说难》、《孤愤》；《诗》三百遍，大底圣贤发愤之所为作也。"由此观之，那些"倜傥非常之人"正是那些在挫折、苦难面前勇往直前、越挫越勇的人。假如历史倒转：周文王没有被拘禁、孔子没有经历穷困的境遇、屈原没有被放逐、左丘明没有失明、孙膑没有被削去膝盖骨、吕不韦没有被贬至蜀地、韩非没有被囚于秦国，等等，如果这些人没有遭受这些苦难，抑或在遭遇这些苦难与挫折之后，他们不是奋起勃发，而是意志消沉、自暴自弃，又怎么会有这些传世之作的产生呢？我们又怎么会在感叹这些人文思超凡卓群的同时，也被他们的坚毅与勇敢所折服呢？

我们都希望自己的人生之路是一片坦途，没有痛苦，没有波折。可是，命运总是不尽如人意，在我们经历过的人生中，总是会有太多的磨难，太多的失落。很多人就会为此抱怨："为什么我总是这么倒霉？""为什么上天对我这么不公平？"抱怨之余就是一蹶不振、心灰意冷，甚至彻底放弃。只有少数人将这些挫折、苦难当做是自己人生当中的一次磨砺、一次对自己的考验，从而不断地努力、拼搏，最后能够取得成功的一定也是这些人。

就像蝴蝶，在蜕变成为美丽的蝴蝶之前必须待在丑陋的蛹里面，只有经过自己苦苦的挣扎之后，才有可能蜕变为最美丽的蝴蝶。如果没有挣扎、蜕变的过程，它出壳后只可能是身躯臃肿、翅膀干瘪，不但飞不起来，而且在很短的时间之内就会死亡。我们的人生其实就像蝴蝶，要想享受到无尽的欢乐与荣耀，之前就必须经历一些挫折与苦难。只有经历过挫折的磨炼与考验，才会羽化成为最美丽的蝴蝶，也才会有"长风破浪会有时，直挂云帆济沧海"的激情与魄力。

一群小孩子在草地上玩老鹰捉小鸡的游戏，一个小男孩不小心摔倒了，他看到自己腿上渗出的血渍，就哭了起来。一起玩游戏的小朋友都过来劝他，老师也过来安慰他，劝他不要哭了。可是，小男孩还是大哭不止。其他的小朋友又接着去玩游戏了，他们尽情地奔跑、玩耍，很快就将这个哭泣的小男孩忘记了。老师对这个小男孩说："你看，你的小伙伴们玩的多高兴啊，如果你一直在这里哭泣，那么，你将失去跟他们一起玩的机会；如果你擦干眼泪，加入他们，你不仅能跟他们一起快乐地玩，还会很快忘记你腿上的疼痛。"小男孩看了看在草地上玩耍的小伙伴们，思索了一下，擦干眼泪加入了游戏。果然，很快地，他就忘记了受伤的腿，只是尽情地快乐着。

人生其实就像一场游戏，摔跤、跌倒总不可避免，太阳不会因为你的摔倒就改变它的东升西落，世界不会因为你的摔倒就停止运转。跌倒之后，一时的哭泣就权当是对自己的慰藉，别让眼泪迷蒙住自己的双眼；站起来之后就应该将失落、彷徨与眼泪一起擦掉，抬起头，你会发现，天依旧是蓝的，风依旧是清的。如果你只是一味地哭泣，那么你会忘记生命的本意，也会错过生命中许多美好的风景。

我国数学家华罗庚说过："科学上没有平坦的大道，真理的长河中也会有礁石险滩。只有不畏攀登的采药者，才能登上高峰觅得仙草；只有不怕巨浪的弄潮儿，才能深入水底觅得丽珠。"真理往往是在经过无数次的挫折、失败与磨难之后才得出的。

同样是面对失恋，日本相扑手清水川堕落了，而歌德却写出了《少年维特之烦恼》。

挫折并不可怕，可怕的是没有认识到挫折带给你的无形的力量。当我们遭遇挫折的时候，我们可以选择绕路而行，没有必要为此感到难过；我们也可以选择正面迎击挫折，斗志昂扬，无所畏惧。尽管在迎击挫折的时候，我们可能遇到前所未有的困难、付出更多的努力与汗水，但是我们却收获了战胜挫折的勇气、喜悦与甜蜜，让我们变得更加坚强，更加成熟。

挫折是一块磨刀石，将我们的生命打磨得闪耀出更夺目的光彩；挫折是一笔财富，让我们的成长变得更有意义。"不经历风雨，怎能见彩虹，没有人能随随便便成功"。太过顺利的成功能给人带来喜悦，而只有经历过挫折的成功才可以让人享受到为之努力的过程，让人更加充实、更加有意义。经历了挫折，才会让我们人生的足迹更加坚实，每一步也才会走得更加坚定。

　　面对挫折，我们能够虚怀若谷，保持一种恬淡平和的心境，拥有正视挫折的勇气，以及抗击挫折的能力，是彻悟人生的大度。这也就如英国哲学家培根所说的："超越自然的奇迹，多是在对逆境的征服中出现的。"

处世箴言

　　每个人的人生都不会是一帆风顺的，都会不可避免地遇到大大小小的挫折与失败。当你遇到挫折时，不要怨天尤人，不要心灰意冷，你要清楚地知道：挫折，并不是不可战胜的；挫折，往往孕育着成功。只要拥有坚定的信念和勇往直前的勇气，就一定能看见乌云之后的晴空。

第 4 章

Chapter Four

快速形成招人爱的性格

　　一个人的性格能够对其生活与为人处世产生很大的影响：性格决定思维方式，思维方式决定处世方法。良好的性格可以展现人格魅力，帮助你更快地融入社会。在日常生活中，年轻人应该注意改变自己的负面性格，让自己更受欢迎。

以恰到好处的热情示人

卡耐基说过："热情不只是外在的表现，它更发自于内心。"在人与人的交往中，我们都要学会热情地对待别人，以自己的热情去吸引、打动别人，而不是用自己的强势去使别人屈服。热情对人、待人以诚，才会让自己拥有圆满的人际关系。因为，只有处处热情的人生，才是事事满意的人生。

在人际交往的过程中，微笑是拉近人与人之间距离的第一工具，而热情的态度则是传递彼此之间情谊的桥梁，也是彼此之间友好关系的维系工具。热情，通常被人们认为是一种伟大的精神力量，卡耐基就曾把热情称为"内心的神"。他说："一个人成功的因素很多，居于这些因素之首的就是热情。没有热情，不论你有什么能力，都无法发挥出来。"我们做事情需要热情的力量，与人交际更需要热情。如果我们在与人交往中，都能充分地展现自己的热情，那么人与人之间关系的维持就会变得十分简单。

一个人，最让人无法抗拒的就是他的热情。热情，是每个人的本性所拥有的特质。在生活中，人人都愿意与热情、真诚的人交往，而对那些自私、虚伪的人避而远之。在人与人的交往中，如果对方感受到了你的热情与真诚，那么，很显然，你也会得到对方的友好回应，或是对方肯定的评价。

热情就像是冬日里的一抹阳光，能给人带来温暖；热情，能促进人与人之间的相互理解，能融化冷漠的心。在西方流传有这样的说法："请保持你的礼貌与热情，不管是对上苍，对你的朋友，还是对你的敌人。"

热情，是一种力量，是一种拉近人心的力量。如果你注意观察生活，就不难发现，不论是在工作中，还是在交际中，热情都有着强烈的感染力。热情，源自对生活的热爱，也能够感染身边的人。不论是什么人，你对待别人热情，毫无疑问，你会得到别人热情的回报，或是一个甜甜的微笑，或是一句温柔的话语，这也会让你感觉到温暖。

某图书馆日前接到一位老者的感谢信，信是寄给馆内一个特别不起眼的管理员的，信的主要内容如下："前几天，我到贵图书馆借阅书籍，得到了一个还在试用期的小管理员的热情接待——从我进图书馆的大门的那一刹那，她就用热情的微笑来迎接我，让我感受到如阳光般的温暖。接下来，她问清我想借的书，亲自带我到书架前，帮我找到我要的书，并且为我做了一个简单的图书简介。我的腿脚不好，她还特意请假帮我把书送回家。尽管这只是一个小小的举动，但是让我感受到的却是人心的温暖。这封信，是要感谢她，她的热情让我感觉到温暖。"

图书管理员的小小的举动，能够让别人感受到温馨，并且她也得到了相应的回报：图书馆因为她的工作态度很好，不只提前将她转为正式员工，还为她提供了很多学习进修的机会。你看，你热情地对待别人，不只不会成为你的损失，还有可能成为你意外的收获。

热情，是人际交往中的润滑剂，一句真诚热情的问候就可以拉近彼此之间的距离，让人与人之间没有隔阂，人与人之间的交往也会更加顺畅。就如日本的井山苏雄所说的："热情可以改变任何人。"

要想自己生活在一个充满热情的世界里，就必须时时、处处给予周围的人和环境热情。如果不是发自内心的热情，只是表面肤浅的形式，那么，你的"热情"就会显得做作、虚伪。热情，应该是发自内心的真实感情的不自觉流露，是人与人之间真情、真爱的表现。

一个人是否拥有真正的热情，决定了他是否被人们所接受、喜欢。如果一个人不会表达热情，那么他就像是一具没有温度的躯壳，没有人会喜欢跟一个冷冰冰的躯壳打交道。冷漠的人不只会冻结自己的热情，还会将自己的人际关系一并冻结掉。

但是，热情也要注意把握一个"度"，对人热情要注意恰到好处，要适当，要把握分寸。过分的热情、殷勤会让人觉得虚假或引起别人误会，就像有句俗语说的："无事献殷勤，非奸即盗。"最恰当的热情，就是让主动施予的一方和被动接受的一方都感到舒服、自然，而不是带有任何勉强成分在里面。

王志进公司好多年了，称得上是公司元老级的人物了。他的性格一直都是十分地热情、开朗，属于那种"有事您说话"的人。只要别人开口，他都会尽自己努力去帮助对方。上个月，公司新来一个助理，小妹妹看起来比较腼腆、内向，不大喜欢主动与人讲话。王志想，自己有义务帮助新进职员熟悉公司运作流程、搞好人际关系，于是他总是在忙完自己的事情之后，主动地去问问她有没有什么需要帮忙的。时间久了，王志发现一个现象：助理小妹妹跟公司其他的人相处得还算不错，虽不说是很亲密吧，但也不至于跟初进公司那两天一样不敢跟人说话。但是，助理小妹妹每次看到王志过来，就匆匆结束自己与同事之间的闲聊，然后撒腿就跑，这让王志很郁闷：自己也没得罪过她啊？

　　一次，王志又发现助理小妹妹在躲着自己，他一步跨过去，挡在她的面前问："我是哪里得罪你了吗，你为什么总躲着我？"助理小妹妹脸涨得通红，憋了半天才支支吾吾地说出一句话："对不起，我不能接受你，我有男朋友了。"说完就跑了，这让王志丈二和尚摸不着头脑，什么意思？跟王志要好的同事在旁边目睹了整个事情的经过，大笑一阵之后说："你呀，就是对人太热情了，让人家误会你对她有意思了，知道了吗？"王志恍然大悟："可是……可是我对其他人也是一样的啊，对人热情一点也有错吗？"同事告诉他："那是因为我们了解你的为人，知道你的性格就是那样；可跟你不熟悉的人就不清楚了，他们就会以为你是对他们有所图，以为你对别人的好是要求别人回报的。所以啊，你以后还是要注意一点分寸。"

　　现如今的社会，人们的功利心明显增强，做什么事情都预先期待得到什么样的回报。人与人之间的猜忌也越来越明显：某某对我这么好，是想从我这里得到什么？某某这样做，是想达到什么目的？人与人之间出现了信任危机，也正因此，过度的热情会让人产生怀疑：他对我的热情只是虚假的，只是一种表面上的敷衍，只是为了从我这里得到什么或达到什么目的。因此，尽管我们每个人都应该用真诚去对待别人，但是为了避免引起不必要的误会，对人热情还是把握分寸比较好。

　　初入社会交际圈的年轻人，对社交规则还不是十分清楚，总以为自己全心全意付出就会得到对方全心全意的回报。其实，事实往往恰恰相反。因为，心理学家霍曼斯曾经提出，人与人之间的交往从本质上可以看做是一种社会交换，即人们都希望在人际交往过程中得到的不少于付出的。而基于"等价交换"的原则，人都有一种"满足"心理，如果一味地接受别人的付出，就会感觉到心理上的不平衡，就会觉得自己必须也得付出点什么，才可以实现这种平衡。如果一次就将好事做尽，而让对方觉得无法回报的时候，对方在心里就会产生一种愧疚感，这种无法对付出作出回报的愧疚感只会使得对方选择疏远。

因此，对别人的好，对待别人的热情，应该有个度，让对方有个适应的过程。"过度的投资"会让对方感觉压抑甚至窒息，而基于这种压抑上的"热情"，不仅不会改善彼此之间的关系，还会让对方退却，进而疏远。

处世箴言

热情的态度是人与人之间的润滑剂，是维持彼此之间关系的桥梁。但是我们要知道，过犹不及，对人热情也应该把握一个"度"。因此，热情之余也应该留给对方一个回报的空间，而不至于让彼此之间有压力横亘。

分享让你收获更多

　　众所周知，好的咖啡，要和朋友一起品尝，才更有味道；好的机会，要和朋友一起分享，才更有力量。就像孟子所说的："独乐乐不如众乐乐。"分享，是建立人际关系、整合集体力量的最大元素，也是让我们可以获得更大的快乐与满足的必要之举。

　　社会是一个大集体，没有人可以单独地存活于这个社会。工作也好，人际交往也罢，都需要人与人之间的至诚合作。每个人的周围都有一个或多个圈子存在，不同的生活圈子决定着人们不同的生活态度，但有一点是相同的，那就是要懂得与人分享、交流。

　　对于初入职场的年轻人来说，刚刚从象牙塔踏入复杂的社会，自身角色在转变，环境在改变，周围的人员也在改变，随之而来的交际原则也应该有所改变，这些突如其来的改变总会让我们有一种措手不及的感觉。在与别人的交往过程中也会有担忧、迷茫、胆怯的感觉，不知道怎样才能快速地融入他人的圈子，不知道怎样做才可以跟大家打成一片。其实，这种担忧并不是多余的，只是也无须过于担心。巴金老先生说过："生命的意义在于付出，在于给予，而不是在于接受，也不是在于争取。"懂得付出，善于分享，就能够很快地融入别人的圈子里，很快地与社会这个大集体水乳交融。

懂得分享的人是睿智的，也是成功的，因为他们都深刻知晓怎样建立良好的人际关系，怎样去整合最大力量获得成功。

去过寺庙的人都知道，进庙之后，首先看见的是弥勒佛笑脸相迎，而在弥勒佛的北面，则是板着一张脸的韦陀。两尊佛一个黑脸一个白脸，虽然诡异却又十分和谐。但是，相传很久以前，弥勒佛和韦陀并不是在一个庙里，而是各司其职，分别掌管不同的庙。弥勒佛经常热情洋溢，笑脸迎人，所以来他的庙的人非常多；但是弥勒佛又天生马虎，经常丢三落四，对于庙里的账务也不好好地管理，以致尽管香火鼎盛，庙里还是入不敷出。反观韦陀，虽然他是管理账务的一把好手，但由于他总是阴沉着脸，使得别人都不愿来他的庙里，以致最后香火断绝。

佛祖在视察香火的时候，发现了这个情况，他就把弥勒佛和韦陀放在一个庙里，由弥勒佛负责招揽信徒，笑迎八方客，香火日益旺盛；韦陀则负责管理账目，严格把关。两人分工合作，庙里才会呈现一派欣欣向荣的景象。

其实，在成功者或用人大师眼里，没有彻底的废人，只要将各有所长的两个人或多个人，集合在一起，让他们充分发挥自己的长处，使最优力量彼此之间互相融合，互相分享，往往会达到扬长避短、事半功倍的效果。

雷切尔·卡森说："我们必须与其他的生命共同分享这个地球。"是的，鸟儿在同一片蓝天飞翔，草木在同一片土地呼吸，人们也在同一片土地上生活。分享，能够让我们收获更多，人生更加富有。就像一句至理名言所说："握紧拳头时，好像抓住了许多东西，

其实，连空气也没抓到；张开双臂时，好像双手空空什么也没有，其实，全世界都在你的手心。"

分享，是一种大智慧。懂得分享的人，其收获往往也会比别人多很多。比尔·盖茨就深谙分享的智慧，他曾说过："每天清晨我醒来的时候，就在思索着如何与他人分享我的快乐，因为那样会使我更加快乐。"比尔·盖茨也确实如他所言做到了分享——他与别人分享自己最新的研发成果，他与世界分享自己的财富。在分享中，比尔·盖茨得到了全世界的尊重，而在这种尊重里他获得了更多的快乐。反观那些不懂得分享的人，只是在画地为牢，在以自己为中心的小圈子里，享受着只属于自己一个人的"幸福"。不懂得分享的人，只会将自己困在一个狭隘的小圈子里，进而让自己的心胸也变得狭隘起来。这样的人即使幸福也不会长久，即使快乐也不是真正的快乐。

上海的一家电器公司曾出过一个有奖问答："从上海到伦敦怎么去才好玩？"头奖是一台四十英寸的彩色电视机。这个活动一经推出就收到了它预期的效果——答案来自全国各地，内容也五花八门。但是，最后获奖的结果，竟是一个小学生的答案被选中。他的答案很简单："和朋友一起去最好玩。"就如评委们给出的评价一样：分享的快乐，远远胜过独自拥有的乐趣。

林则徐曾写过"海纳百川，有容乃大"挂于书斋以自勉。经常去海边的朋友也都有体会，面对蔚蓝的无边无际的大海，人们可以感受到无限的快乐与激情。海是宽容的，它以平和的心态接受陆地上所有汹涌澎湃的江河；海是无私的，它用广阔的胸襟将快乐分给每一朵浪花、每一个游人。而相对于大海的无私，海螺总是把自己封闭在又厚又重的壳里，过着几乎与世隔绝的生活，它只能快乐着自己的快乐，痛苦着自己的痛苦。与大海相比，海螺显得多么地卑微与孤独。也因此，大海能够获得永生，海螺却终会死亡、消失。

我们每个人都应该懂得分享的智慧。你有一个苹果，我有一个苹果，加起来就是两个苹果，虽然平均还是每人一个，分享过后，每个人却可以拥有两种味道；同理，如果你有一种思想，我有一种思想，加起来是两种思想，平均每个人也拥有了两种思想。所以，分享会让我们收获加倍，不是吗？分享快乐，你会得到双倍的快乐；分享痛苦，你会减少一半的痛苦，那么为什么不试着与人分享交流呢？

诺贝尔在小学的时候，成绩一直处于班里的第二名，第一名也总是一个叫柏济的小孩。有一次，临近期中考试的时候，柏济突然生了一场大病，无法来学校上课。有人就私下对诺贝尔说："这下好了，柏济生病了，第一名的位置就非你莫属了。"诺贝尔并没有因此而得意，他反而将老师讲课的重点笔记整理得整整齐齐拿去给了柏济。考试过后，成绩排行榜上的名字仍然是柏济在诺贝尔的前面。很多年之后，诺贝尔将他的所有财产都捐出来，设立了诺贝尔奖，用以奖励那些在各个领域的佼佼者，以及那些为世界和平作出特殊贡献的人。诺贝尔的开阔心胸和乐于分享的情操，不但帮助他创造了伟大的事业，更赢得了世人对他永远的怀念与敬仰。很多年过去了，人们记住的也只是那个考第二名的诺贝尔，而不是那个永远第一的柏济。

众所周知，王安石与苏轼的政见不同，但是他们却喜欢一起讨论诗词、探讨文学见解，他们的友谊也坚如磐石；居里夫妇不吝于将自己的财富、科研成果与世界分享，他们都赢得了世人的尊敬与爱戴。由此可见，"分享"是一个具有神奇色彩的字眼，它能让我们的生活更加地光彩夺目、更加地熠熠生辉。

分享，是一种博爱。学会分享，就学会了生活。分享，是一个美好的过程，是快乐的升级，是自我的充实与升华。懂得分享，学会分享，就会使你的心情、你的生活、你的人生变得更加美好，更加和谐，更加幸福。

处世箴言

最美丽的人生是与别人分享自己的幸福与悲伤，并把别人的快乐与痛苦跟自己一起分享！分享可以使人获得双倍的快乐与满足，提升人的思想境界的高度，拓宽人的精神境界的宽度。在日常生活中，应该懂得分享、不吝分享，这样才能体会到人生的美妙。

懂得如何演好"配角"

　　英国的戏剧大师莎士比亚曾说："世界是一个大舞台，所有的男人和女人都是演员，他们有各自的入口与出口，一个人在其人生中都会扮演许多角色。"每一个角色都被赋予了特定的职责与内涵，并不是每个人都是舞台中的主角，配角也可以将人生演绎得多姿多彩。

　　都说人生如戏，戏如人生。在社会这个大舞台上，每个人都是演员，各自扮演着特定的角色。而在不同的时间、不同的场合、不同的舞台，每个人的角色、身份也有所不同。每一部戏都有主角与配角，每个人也都希望自己永远是戏里的主角。但是，没有任何人会如此。社会是一个完整的大舞台，里面有着不同的场景，也许你在这个场景里是主角，而到另外一个场景就会成为配角。此时，你不用诧异，也不必自怨自艾，因为主角固然会吸引万千目光，但是少了配角的独角戏也会失去它原有的光彩。

　　在社会这个纷繁复杂的大舞台上，每个人都是自己的主角，但又同时充当着别人的配角。在这个戏一样的人生当中，有些剧情是既定的，比如出生、成长、上学、工作、结婚、生子，甚至是死亡；而有些剧情则是及至当下才临时添加进去的，充满了偶然与不确定，比如成长中的烦恼、工作中的调动、婚姻中的变数，等等。当我们经历这个人生过程时，我们所扮演的角色也在不断地改变，从主角至配角，或是从配角至主角，又或者只是背景装饰中的一个点。不论是什么角色，不论角色的重要与否，我们都应该去尽情演绎，在生命的舞台上尽情诠释自己的责任与内涵。

主角魅力无穷，是众人注目的焦点，是生活的主宰，因而使我们往往忽略了配角的作用。配角尽管总是被主角的光环挡住，让人忽略，但也正是因为有了配角的陪衬，才会有精彩绝伦的剧目上演，才不至于出现独角戏的孤独与悲哀。就像红花的美丽总是要有绿叶的陪衬一样，正是有了绿叶的平凡伟大，才能更好地展现红花的娇媚动人。

初入职场的年轻人，从学校跨入社会，对社会的认识不够深刻，人生角色的突然转换使得他们不能清楚地认识自己，在人际交往的过程中难免出现茫然无措的状况。在学校时，他们是"校园人"，主要的任务是学习；进入社会后，他们就是"社会人"了，主要的任务也变成工作。身份改变了，随之而来的角色认定也应有所改变。以前在学校中的佼佼者，进入社会也许就像是一滴水进入大海一样，显得特别微不足道，这种状况再正常不过了。适应这种从主角到配角的转变，才能够很好地帮助自己在社会上立足。

张林在学校的时候是学生会主席，经常主持一些会议、交代一些事情，以至于他在平时说话的时候也习惯地带一点命令的语气。毕业之后，他进入到一家外贸公司设计部工作。在学校的时候，张林就比较心高气傲，常常以自我为中心。现在进入社会，对于自身角色的改变还有些不适应，对社会认识不清，对自己的角色定位过高，做事放不下身段，总想着一鸣惊人。因此，在平时的工作中，对于一些简单的小事，同事们都能感觉到张林的不屑。在公司的年会或聚餐场合，大家也总能看到张林的颐指气使。一次，同事的生日聚会，张林俨然东道主一样，指挥着其他人拿这做那。饭后大家一起去唱歌，张林从进入包房，就没有放下过麦克风，还美其名曰"要用自己的歌声祝愿某某生日快乐"，其实是张林陶醉在自己的歌声中不能自拔。时间久了，同事们对于张林这种时时处处以自我为中心、自己永远是主角的作法很不喜欢，以后再有同事间的聚会或其他社交活动，谁都不愿意叫上张林。

追求个人价值、追求自我实现本没有错，这是每一个有理想、有抱负的年轻人都应该有的志气。但是一定要认清自己的角色，该当主角的时候，自然是要充分地展现自己，让更多的人记住自己；一旦主角不是自己，就应该果断地退居幕后，而不是喧宾夺主，让别人讨厌。

爱听相声的人都知道，相声的妙处就在"捧哏"和"逗哏"的相互配合。捧哏穿针引线，帮腔作势；逗哏从容打开笑料包袱，让全场高潮不断。相声的艺术也正体现在这一逗一捧上。有些人会觉得捧哏无关紧要，可有可无，其实事实恰恰相反。如果只有逗哏而没有捧哏，那就会成为单口相声，给人的感觉就是单调呆板，或者是太过哗众取宠，其可看度也就会大打折扣。就拿捧哏者来说，既然站在了捧哏的位置，就应该做好逗哏的陪衬。如果只是一味地想去表现自己，而抢了"逗哏"的风头，那么整个表演就有可能变成一个笑话。

既然我们处于社会这个大舞台中，就应该遵循"表演规则"，增强自己的角色意识，扮演好自己的角色。主角虽然值得人们追随、注目，可只有那些甘愿做配角的人才具有真正的伟大。甘愿做配角，是对我们每个人的要求，也是一个人有涵养、有气度的表现。

在与人交际中，我们都应该做一个有"眼色"的人，要时时注意别人的反应，要自我控制、自我调整，即使是表现自己，也不能抢了他人的风头。准确地把握配角的位置，既能显示自己的修养，又不致太过凸显自己成为"标靶"。不论何时，我们都要记得：画龙点睛可以，喧宾夺主万万不可。

生活中的每一天都是新的，人生中的每一部戏也都是新的，不论是主角还是配角，我们都应该用心去演，这样人生这部大戏才会更加完美动人，社会这个大舞台也才会更加和谐。

处世箴言

我们生活在一个复杂的关系网中，每个人都需要与他人进行交流。在与人交往的过程中，每个人都应该把握好自己的位置。如果需要自己做配角，就应果断地演好配角，这样既能表现出自己良好的修养和气度，又能促进人与人之间的交流。要记住，在交往中，我们可以画龙点睛，但千万不可以喧宾夺主。

羞怯是与人交流的大障碍

英国哲学家约翰·洛克说过："礼仪不良有两种：第一种是忸怩羞怯，第二种是行为不检点和轻慢。"害羞是每个人都应该具有的公德心，但是过度的羞怯则有碍于工作、学习或人际交往，是人际交往中"礼仪不良"的表现。

当我们的祖先双手离开地面、学会直立行走之初，就懂得以树叶为衣遮羞。人类发展延续至今，害羞几乎成为一种自我保护的本能。但是过度的害羞就会变成羞怯，羞怯是绝大多数人都会有的一种情绪体验，是人在自我逃避时的一种正常行为。

想想看，你有没有经历过这样的事情：在路上碰到熟人，假如对方不打招呼，自己绝对不会主动去跟对方讲话，甚至还会装作没看到，故意躲避；在公共场合跟别人说话的声音特别小，或者讲话的时候不敢看着对方的眼睛，或者是说话的时候脸红、结结巴巴，等等。这些在心理学上就是羞怯的表现。

这种羞怯心理的产生，多来自于对自己能力的怀疑，担心受到别人的拒绝和嘲笑。虽然在主观上，他们也有很强的与人交往的欲望，但是他们不敢进入社交场合；即使进入社交场合，也会觉得不适应，对社交活动总会有一种情不自禁的紧张和恐惧，进而总在回避与别人的交流。

羞怯其实是人的一种普通的情绪体验，但如果羞怯与自卑、恐惧心理联系在一起，就会严重妨碍人际交往。过于羞怯的人，在与别人的交往过程中，总是缺乏应有的信心和勇气，而且总是觉得有一种无形的压力在阻碍他与别人的交往。他们总是担心自己会不会丢脸，对自己的言行举止也会有近乎病态的敏感；他们总觉得对方是用极度严苛的目光在审视自己，所以不敢正视对方。如果此种情况出现恶性循环，那么就会形成一种条件反射性的害怕心理，进而形成社交中的恐惧心理，长此以往，就会将自己隔绝在别人的社交圈之外。

2009年一部青春偶像剧《命中注定我爱你》的热播，让大家熟悉了那个"便利贴女孩"。本片的女主人公陈欣怡，带着大大的黑框眼镜，平凡无奇的长相，朴素、简单的穿着，永远不会对别人说"不"。从小到大，除了爸爸，没有人看得到陈欣怡身上的光芒，大家看到的一直都是"丑小鸭"。毕业之后进入律师事务所，明明是律师助理，却沦落到打杂小妹的地步——没时间也得挤时间去帮同事买咖啡、便当；同事有事，就把没做完的工作给她，因为她会无条件地帮他们完成；工作上出了小小的纰漏，背黑锅的也永远是她，因为她从来不会为自己辩解。她的内心其实也充满了苦闷与彷徨，她也感到迷茫与失落，正是因为她的羞怯、自卑与被人忽视，才使得她盲目地相信古驰也跟爸爸一样看得到她身上的光芒，以致她被骗去所有的财产。公司同事对待她的态度也只是停留在"可以帮忙"的阶段，她与人交流的媒介也只有那一张张的便利贴。一个人的时候，她也会苦恼自己的自卑与羞怯。

其实，在现实生活中，像"陈欣怡"这样陷入交往困境的大有人在。这些人大都是刚刚走上工作岗位不久，对于陌生的工作环境还没有完全适应，也正因此，他们才不自信、面子薄、处处怕碰壁。他们也很想与人交往，但又不知道如何开口，怕别人会看不起自己，只能处处隐忍，做一个默默无闻的"耕耘者"。

美国斯坦福大学的社会心理学家秦姆·巴杜教授，在研究人的心理时说："许多名人在公共场所看上去好像并不显得羞怯，然而他们又总在抱怨自己心中隐隐约约地遭受着不完善心理的煎熬。"他的调查数据表明，在美国，40%的人都认为自己有羞怯的弱点。而在相对比较保守的东方国家，羞怯的出现频率更高，其中尤以女性最为普遍及明显。

人适当的羞怯是可以的，但过度的羞怯会影响正常的人际交往。有羞怯心理的人，总会过分看重自己的行为对别人造成的影响，以至于他们总会过分地要求、约束自己，对自己几乎要达到一种吹毛求疵的地步；他们太过拘谨以致很难跟别人建立正常、亲密的人际关系，过度的自卑与恐惧也会使得他们经常性的沮丧、孤独以及出现内心的空虚。因此，他们虽然希望与人交流，但更多的是害怕与人交往。通常情况下，这种羞怯心理随着年龄的增长和人际交往的增加，会有所改善、减轻，但如果到了成年阶段之后，这种羞怯心理还是如此明显，那就是一种病态心理了。

既然过于羞怯会给人们的学习、工作以及人际交往带来如此多的麻烦，那么怎样才可以克服这种羞怯心理呢？就如美国作家马克·吐温说的一样："一个人学不会溜冰，是因为害怕摔跤；而学会溜冰的方法只有一个，那就是多到溜冰场去，多多地摔跤，摔到一定的时候，你自然而然就学会溜冰了。"羞怯心理的克服也一样，就是在日常的生活中，多多地与人交往，把与人交往当做锻炼自己的一个大课堂，从而训练自己的社交能力。具体来说，可以从以下几个方面多加注意。

首先，要有一个接纳的心态。羞怯来源于对自己的不相信，紧张也好，害怕也罢，都是没有办法控制的。羞怯的人都有过这样的体会：越是想摆脱羞怯，其羞怯的表现反而越明显，并逐渐形成一种恶性循环。因此，对于羞怯要有接纳的心态，即采取一种"随它去"的态度。要告诉自己，适当的羞怯是每个人都会有的表现，不必害怕，也不必太过在意。这样，就会有助于使自己的精神放松下来，接下来的表现也才会更大方、自然一些。

其次，要对自己有信心。羞怯的根源在于不自信，看不到自己的长处，自己先把自己否定了。其实，每个人都有自己的长处与短处，没有必要只为自己的短处担忧，而更应该看到自己的长处，学着去欣赏自己。德国哲学家黑格尔说过："每个人都应该尊重自己，并应该自视能够配得上最高尚的东西。"的确，对于怕羞的人来说，他们更应该关注自己的长处，相信自己，只要努力就一定会得到别人的肯定与赞赏。自我肯定，才会增加与人交往的勇气。

然后，要多锻炼自己。多结交一些开朗、外向的朋友，学习他们怎样与人自然的交流；可以采用循序渐进的方式，先在熟人当中多发言，再慢慢地发展到陌生人多的场合，增加与陌生人接触的机会；在与陌生人接触之前，要先在自己的心里有个准备，这样也可以增加信心与勇气。如果在陌生环境出现了不安或紧张的情绪，可以采用"自我暗示"的方法，把陌生人当成熟人看待，对于别人的评论不要十分在意，要告诉自己"这没有什么好怕的"。这种自我暗示法可以有效地冲破交际中的阻力，克服羞怯心理。

还是来看陈欣怡，经过几年的成长，她变得美丽、坚强、自信、独立。她摆脱了过去那个小白兔一样的自己，不再动不动就说"对不起"，不再总是低着头看人，不再是那个"便利贴女孩"，她通过自己的努力成为中山龙大师的关门弟子，她可以很自豪地听到别人叫她Elaine大师。她的改变，让所有人惊讶；她的改变，也让我们明白：只要努力，摆脱羞怯心理，增加自己的自信与勇气，就一定可以完成从丑小鸭到白天鹅的蜕变。

羞怯不是病，是可以克服的。只要你在日常的生活中，敢于正视自己的羞怯心理，在人际交往中多加锻炼，就能够走出羞怯的心理障碍，成为一个大方、自然的人。

处世箴言

偶尔的羞怯在所难免，但是不要让羞怯成为我们人际交往过程中的绊脚石。要对自己有信心，相信自己"是金子总会发光的"。克服羞怯心理，增加与人交往的自信与勇气，这样你也会是别人眼中最棒的那一个，在人际交往中你也会更加自如。

面对他人的困难乐于伸出援手

印度流行着这样的一句古谚语："赠人玫瑰之手，经久留有余香。""送人玫瑰，手留余香"，这样简短的字句中隐含着一种人生真谛：自己在付出的同时也能够体会到同样的喜悦与快乐，与人方便，也是给自己方便。

在这个由钢筋混凝土浇筑的社会，更多的时候，我们都被那些所谓的名和利所困扰，看不到别人的困境、听不到别人的挣扎；更多的时候，我们总是顾着自己家的一亩三分地，自扫门前雪，却顾不上他人瓦上霜。我们冷眼看着这个世界，努力着自己的努力，拼搏着自己的拼搏；我们在高度发达的物质世界里尽情游弋，却在精神的荒漠中踽踽独行。

人的第一本能是获得，我们都期望从别人那里得到些什么，却吝于从自己手里拿出什么。与人类的本能相反，把施与放在比获得更重要的位置上，这样的人生才是一种自我创造、自我更新、自我完善的人生。就像成龙在2003年被评为"感动中国人物"时说过的一句话"施比受更有福"。

乐善好施，是中华民族的传统美德。从本质上看，乐善好施是一种克己的哲学，是在自己有些微损失的基础上去给予别人一定的帮助。但是，就成龙来看，无论是他的思想还是他的行动，都要比其他人走得更远一些，他认为对那些需要帮助的人施以援手，比得到帮助更加幸福。

2008年5月12日，是四川汶川人民的灾难，也是我们全中国的灾难；2010年4月14日，是青海玉树人民的灾难，也再一次成为我们全中国的灾难。两次地震，带给了汶川、玉树人民几近毁灭的痛苦，他们的亲人被埋在了废墟中，他们的家园也被埋在了废墟中。但是，在这样的灾难面前，我们中华民族以前所未有的力量凝聚到了一起。一方有难，八方支援，每一个中国人都向汶川、玉树人民伸出了友爱之手。即使只是几块钱，哪怕只是一件旧衣服，我们中国人用自己的行动告诉了全世界：中国人是团结的，我们的心一直与灾区人民同在。当我们捐赠的钱财、物资被一批批运往灾区的时候，当我们得知灾区的家园重建取得一定进展的时候，我们每一个人都被感动了——被灾区人民的坚强所感动，被我们伸出的援手所感动。

向别人伸手的时候，手心朝上是索取，手心朝下是给予；求别人帮忙是窘迫的，给予别人帮助是快乐的。我们都应该多向别人伸出朝下的手，在帮助别人解决困难的同时，感受属于自己的快乐。

戴尔·卡耐基在其著作《人性的弱点》中有这样的说法："对别人的好，不是一种责任，而是一种享受，因为它可以增进你的健康和快乐。你对别人好的时候，也是对自己最好的时候。"卡耐基小的时候特别害羞、内向，长大之后，他在帮助别人的过程中，收获了自信与快乐。在他看来，只有把付出当做一种享受，才会真心真意地去付出，才能体会到真正的快乐与幸福。

有首歌唱道："只要人人都献出一点爱，世界将变成美好的人

间。"的确，在别人困难的时候，尽我们自己的力量向他们伸出援手，帮助他们渡过难关，对我们自己来说，这也是一种成就。有时候，人们在意的并不仅仅是"雪中送炭"中那些具体形式的"炭"，人们更多地是在意人与人之间的温情。

一座城市来了马戏团，一对夫妇带着他们的六个小孩在排队买票。看得出来这些小孩十分期待即将开始的马戏团之旅，他们兴高采烈地谈论着即将上演的节目，他们想象着自己骑着大象在舞台中央的样子。终于轮到他们了，售票员问要多少张票，父亲低声说："请您给我六个小孩和两张大人的票"。售票员说了价格之后，母亲的心颤动了一下，她低下了头。售票员重复了一遍价格，父亲的手攥得紧紧的，眼里透出痛苦与无奈。他看着旁边兴致勃勃的孩子们，实在不忍心告诉他们："我们的钱不够，我们还要再攒上一段时间才能买得起票。"

排在他们后面的一位男子目睹了这位父亲的窘况，他悄悄把手伸进自己的口袋，将一张钞票抽出来，让它掉在那位父亲的脚边。然后，他拍拍那位父亲的肩膀，指着地上说："先生，你的钱掉了。"父亲回过头，看着地上的钱，明白了一切。他又看了一眼孩子们，眼眶一热，说了声"谢谢"，然后弯腰捡起地上的钱。在买完票即将进去的时候，这位父亲再一次回头对那位先生说了声"谢谢"。

我们中国人总在讲，助人为快乐之本。若要被人爱，必定要先爱别人。在生活当中，我们常常可以感受到，在别人需要的时候给他们一点关爱，哪怕是特别微不足道的一句话，也会让别人如同阴郁的天空遇见阳光、久旱的土地遇到甘霖一样，无助的心得到了支撑，他们会觉得幸运，而我们也会觉得快乐、幸福。

也许，你还在抱怨命运的不公，觉得自己是受到不公平待遇的那一个，所以才不愿付出。然而，如果只知道一味地索取，而不懂得付出，又怎么会得到别人善意的回报呢？

也许，在现如今的社会，很多人在面对别人的困难时冷眼旁观，但大多数人还是会尽自己的微薄之力来给予需要的人帮助的。他们将一束束热情、友善的玫瑰送与他人，不是为了要得到什么回报，或许仅仅是为了留一手余香的"私心"，却非常沉醉于这份"私心"所带来的美好感受。

有一个盲人，每天晚上都会到楼下的花园去散步。虽然他只能靠着墙摸索道路，但是不论是上楼还是下楼，他都会将楼道里的灯按亮。有一次，新搬来的一个邻居问他："你的眼睛看不见，为什么还要开灯呢？"那个盲人回答："开灯能给别人带来方便，也会给我带来方便啊！"邻居不解，问道："开灯能给你带来什么方便呢？"盲人答道："开灯之后，上下楼的人都可以看见楼道里的东西，赶时间的人也就不会把我撞倒了，这不是也在给我自己方便吗？"邻居这才恍然大悟。

"赠人玫瑰，手留余香"源自印度却流传于全世界。当我们向那些需要帮助的人伸出温暖的双手时，我们的心灵也在变得更加美好，我们本质中的真、善、美也在复苏，世界也会因为我们这一双双伸出的手而变得更加美丽、和谐。我们每个人都应该让自己的精神世界变得高尚起来，不予无取，不施无获；小予小善，大予大福。这样，我们生活的社会才会变得像成龙大哥所希望的那样：人人广洒甘露，个个普收喜雨，我们的社会也才会更加和谐完美。

　　"心中有他人，这种光芒可以穿透任何黑暗的铜墙铁壁；心中无他人，即使你身边有再多的光芒，最终也会被黑暗所吞噬。"这样的一段话，尽管短小精悍却富有深意：眼中、心中有他人，当别人需要帮助的时候，毫不吝啬地伸出自己的援助之手，我们的身上就会绽放出绚丽的光芒，照亮你的人生，也温暖整个世界。

处世箴言

　　在别人需要的时候，伸出我们的援助之手。给别人温暖，就是在温暖自己的心。当我们给予别人帮助的时候，实际上也是我们自身价值的一种实现。助人者多助。别人有困难的时候你伸出了援手，当你需要帮助的时候，也才会有更多的人来帮助你。

理智对待他人的不理解

高尔基曾说过："**理智是一切力量中最强大的力量，是世界上唯一自觉活动的力量。**"我们航行在生活的海洋中，理智就像是指南针，指引着我们感情的方向。生活当中从不缺乏误解，如果不幸遭遇别人的误解，那么，就应该让理智牵引着我们的头脑，不要一味顺着自己的感情。要知道，有时候，感情会给予我们最大的欺骗。

我们总是在高呼"理解万岁"，总是希望别人能够理解自己的思想、了解自己的苦心。这个世界也需要理解，但是这个世界也总是会有太多的误解。每个人都会有不被别人理解的时候，当面对别人的不理解时，不同的态度、不同的处理方法，会反映出人们不同的心态以及不同的处世智慧。

小的时候，我们做的许多事情都会遭到父母的反对，这时候，我们总会朝着他们大叫：为什么你们不理解我？此时，我们觉得世界上最痛苦的事莫过于得不到父母的理解。长大之后，同样无法避免遇到朋友们的不理解，不过这时候的我们已经明白大喊大叫也解决不了问题，于是我们学会了沉默，但沉默之余还是会感叹：为什么这么好的朋友也会不理解我？现在的我们，刚刚踏入复杂的社会，许多事情需要与更多的人一起面对，彼此之间意见不统一的情况也会更多地出现。此时，我们的思想以及思维方式更加成熟了，我们不会再一味地为自己叫屈，而是更多地在头脑中冷静地思考——也许别人的想法是对的，也许应该偶尔听听别人的意见。然后理清自己的思路，与朋友进行交流、协商，理解朋友也得到朋友的理解，得出最好的、最有效的解决方法。

孔子说过："己所不欲，勿施于人。"我们每个人都希望得到别人的理解，但是每个人被别人理解的程度都是有限的。在我们苛求别人的时候，其实也是对自己苛求；在要求别人一定要理解自己的时候，也要先学会理解别人。

小谢毕业之后已经换了好几份工作了，每份工作持续的时间都不会很长。这次，经熟人介绍，他进入一家外贸公司，他暗暗告诉自己：这次一定要用心工作，不能再随随便便就辞职了。可是，试用期未满，小谢再一次向经理递交了辞呈，又一次成为无业游民。朋友问他这次的工作为什么又是持续很短的时间，小谢拉开了话匣子："你都不知道，这个公司一点都不知道体谅人，一点都不理解我。我以前根本没有接触过这类工作，什么都不懂，公司都不晓得给我缓冲的时间，最起码也得给我一个学习的过程啊！可是公司都是用正常员工的标准来要求我，我觉得对我来说就接近于一种苛求了，所以，我一气之下就辞职了。反正，此处不留爷，自有留爷处。大不了我再找呗……"朋友们面面相觑：敢情小谢根本不知道原因是出在他自己身上啊！

对小谢来讲，豪情壮志固然可以，但不知道他有没有反思过自己：你是不是对公司过于苛刻了呢？你在要求公司必须理解你的时候，你有没有站在公司的立场考虑过呢？"没有接触过这类工作"不是借口，人生本就是一个学习的过程，公司给新进员工一个"试用期"就是希望新员工在此期间能够通过学习、摸索而与公司工作逐渐磨合。而从公司的立场来看，公司毕竟不是学校，不可能无条件地给你无限的时间去学习，因为它是赢利机构，必须有利可图才可以维持下去。

理解，本来就是一个双向的事情。在你要求别人理解你的时候，要首先问问看自己，你对对方的理解程度有多少。理解是人与人之间友好相处的理性的桥梁，但我们都应该明白，"理解"并不等同于"了解"，在与人的交往过程中，我们要理智地去认识对方，理性地去了解对方，并懂得"换位思考"，站在对方的角度考虑，这样才能很好地达到心灵的共鸣。

我们生活的世界需要理解，但并不缺乏误解。如果由于别人的不理解而造成对自己的误会，此时也不用太过在意，首先反思自己，看是不是让人产生误解的缘由在自己身上；然后，站在对方的角度想想，他为什么会误会你。假如别人的不理解产生于我们自身，那就理智地向对方解释、说明，以化解这种误会；而假如是对方以偏概全、偏激的想法造成的误会，那更要理智、冷静地去跟对方沟通，不然这种误会就会越来越深，长久的不理解会导致人际关系的崩溃。

法国作家雨果曾说过："世界上最宽阔的是海洋，比海洋更宽阔的是天空，比天空更宽阔的是人的胸怀。"不论是亲人还是朋友，或者是陌生人，不论是恶意的误解，还是不明状况的不理解，作为不被理解的一个人，我们都不应该让感情主宰大脑，而是应该理清自己的思绪，理智地对待他人的不理解。如果任凭感情做主，那么只会有一种结果：正在气头上的你一定会情绪激烈地与对方理论，甚至是发生冲突，而事后冷静下来的你也会碍于面子，不去道歉、和解。这样，人际关系只会越来越僵硬，人与人之间的情感桥梁也会断裂、崩塌。周瑜和诸葛亮同为一代绝顶聪明之人，但就是因为周瑜不理解诸葛亮的用意，才会有"既生瑜何生亮"的感叹，最终被诸葛亮活活气死。

人与人之间不会总是心有灵犀一点通的，不理解的产生在所难免，但是，这并不是不可消除的，关键就在于我们怎么去看待、怎么去解决。当我们无法得到别人理解的时候，心里一定会很苦闷、难过，甚至会产生对自己的怀疑：自己明明用心了、努力了，为什么还是得不到别人的理解？是不是我就是这么没用？其实，这个时候，自责、自罚甚至怨恨是最愚蠢的做法，也是最没用的处理方法。

遭遇别人不理解的时候，最重要的就是冷静。用理智的态度去思考：为什么会得不到别人的理解？将别人的话语或表现从头至尾、认真地捋清楚，找到自己不被人理解的根源，然后再对症下药，跟对方进行良好的沟通。"有口不能言"的苦楚，"跳进黄河洗不清"的自责，过于激动、暴躁等情绪上的不理智，都会让你如掉进深渊、无法自拔般痛苦。我们总在说"当局者迷，旁观者清"。如果自己对产生的不理解百思不得其解，就要找旁边的朋友帮忙，也许他们可以给你很好的意见或建议，这样有助于别人对你的理解。

别人的不理解，会给自己造成一定的压力；但在某些时候，这些压力也有可能变成动力。但丁说："走自己的路，让别人说去吧！"既然某些时候别人的不理解我们无法避免，那么如果将过多的精力与时间投放在解释与消除误解上，对我们来说只能是消耗精力、增加麻烦、浪费时间。如果你可以确定自己是正确的，那么，别人的不理解也只会是暂时的，时间久了，你也一定会证明自己是对的，也一定会得到别人的理解。

有些人一生不被别人理解，但都将这种不理解化为了前进的动力，取得了旁人一生都无法企及的成就与辉煌。被称为"现代艺术之父"的法国著名画家塞尚、有"疯狂的天才"之称的印象画派代表梵·高，他们生前都默默无闻，并且不被世人所理解，甚至被世人看做是"另类"的代表，但在他们死后，不只他们的作品价值不菲，他们的绘画风格也开创了一个流派，他们最终获得了全世界的理解与认可。

处世箴言

理解万岁！理解是人与人之间心灵的桥梁，我们在争取别人理解的同时，也要记得努力去理解别人。如果不幸得不到别人的理解，也不要因为别人的不理解而难过、沮丧，理智地对待别人的不理解，就能化误解为理解、化干戈为玉帛。

戴上"面具"，让内心更自由

瑞士心理学家荣格认为："面具是展示给他人看的公开的自我。"人们出于自我保护的本能，总会不情愿将全部的自己展现于人前，总会自然而然地"掩饰"自己性格中的某部分，以掩饰真实的自我。戴上面具并不代表虚伪，在有些时候反而会让你的内心更自由。

一提到"面具"，大多数人都会很自然地想到虚伪、丑恶和阴暗，会在心理上产生自然而然的排斥感。其实，这种心理也不能说是错误的，只能说人们对于"面具"有一定的误解。戴面具，并不是一个贬义词，而是人们对于自我一种本能的保护。人生在世，每个人都需要"人格面具"，没有谁能完全不受人格面具的控制。

不论是谁，都不会希望自己像一块透明玻璃一样被他人透视得清清楚楚。在我们的内心深处都有一个根深蒂固的观念：如果将自己完完全全地暴露在别人的面前，那么无疑是将自己的脆弱一面也展露于人前，这样就很容易让别人制约自己，所以我们不得不戴上人格面具来保护自己。从这个角度看，戴上人格面具是迫不得已的选择，也是十分必要的选择。

可以这么说，人格面具是社会生活的基础，为各种社会交际提供了多重可能性。人格面具保证了我们与别人，尤其是那些我们不很喜欢的人"和睦相处"。戴上人格面具可以很好地掩饰我们的内心深处，能够让我们更好地面对这个社会，在为人处世中也更加游刃有余。

张默是大家公认的会圆滑处世的人。在家人面前，他是个极具反叛性格的人，经常与父母"唱反调"；在朋友面前，他很爱表现自己，经常侃侃而谈，甚至在某些时候像个愤青；在同事、领导面前，他十分谦虚、低调、灵活，同事喜欢他，领导看好他，正可谓仕途平顺。

一次朋友聚会，朋友问张默，是怎样将多方面的人际关系处理得如此圆滑的。他道出了与领导相处的经验：初入公司的时候，他就懂得收敛锋芒，低调做人。他说，虽然他很不喜欢那位气量狭小又婆婆妈妈的上司，但他深刻明白"胳膊拧不过大腿"的道理，也时刻提醒自己"人在屋檐下，不得不低头"。于是，他能够平心静气地对待上司，尊重他，听从他。当然，他的努力也没有白费，大多数的上司都会喜欢他这样谦逊有礼的下属，对他信任有加之外还会把很多好的机会留给他。

我们谁都不能很肯定地说自己从来不戴面具，因为戴人格面具是人本性中固有的。虽然人人都有人格面具，但戴面具的感觉却不尽相同。有的人认为，戴面具是理所当然

的，是生存的需要；有的人认为，戴上面具是迫不得已的，"人在江湖，身不由己"，这样的人活着会很累；还有一些人认为，戴面具是一种罪恶。其实，最后一种人的想法不能说是错误，他们只是对"人格面具"产生了误解，因为在他们看来，表面上绚烂的美丽是为了遮掩背后的丑恶。

实际上，人格面具并不是要求自己的一切外在言行都与自己的内心相背离。任何人都有其两面性，人格面具只是帮助我们盖住"本我"中丑恶的一面，这并不是完全的虚假。因此，从这个角度看，人格面具就像是一面筛子，它滤掉了我们人性中的丑恶，而把善良与美好展现给别人，这并不会危及信任的存在与发展。相反，它还会在某种层面上促进信任的强化，因为它削弱了"本我"中的利己成分，加强了"超我"中的利人成分。试想想，如果你做的事对别人有利，别人会不信任你吗？如果别人是真心对待你，你会不信任他们吗？

汉高祖刘邦的成功，就在于他比任何人都具有成就帝王的心相。秦始皇东游，刘邦"自疑，亡匿。"这是对危险的一种极度敏感，是一种危机意识。被困荥阳，形势万分危急，韩信不来救援，却上表求立假齐王。刘邦大怒，但得到张良、陈平的提醒，马上转口大骂："大丈夫定诸侯，即为真王耳，何以假为？"破关之后，面对已为项王的项羽，尽管刘邦心中有恐惧，有不安，也有无奈，但他表面上却镇定异常，甚至还与项羽玩起了文字游戏！

人格面具，是人格多面体的一个面，每个人都可以有多个人格面具。一个学生，在老师与校长的面前，可以是乖巧听话的样子；在同学与朋友中，又可以是个不折不扣的调皮大王；回到家中，在父母面前，又会是另外一个样子。所有这些不同场合的不同面具，就构成了一个人的全部人格面具。从这个方面看，戴人格面具只不过是一个人以不同的方式来适应不同环境的手段。

人格面具不能简单地称之为假象，不同场合戴不同的人格面具，只是为了更好地适应社会。在适应生存的长期实践中，人们已经习惯了自己社会角色的转换，即家庭人、社会人等之间的转换。这种习惯是根深蒂固的，而且只要周围环境改变，人格面具也会随之改变。有时候，人们不需要刻意地追求就能够成功地"出演"某种角色，只是为了让社会与环境更好地接纳他。人格面具也不能简单地称其为真相，因为生存的需要，许多人的真性情在人格面具中并不能见到，而是被社会角色完全掩盖了。

"生活，犹如一场戴着面具的表演，舞台上的每一个动作，都是为了迎合台下的观众，而藏在面具下的苦痛只有自己知道。"这就是都市情感剧《戴着面具跳舞》告诉我们的。一家著名的整形医院，一个著名的整形医生，所有的故事都围绕整形医院展开，看故事的人觉得精彩，演故事的人却觉得痛苦。

来朱雀美容医院的人，都不会被称为"病人"，而会被称为"客人"，因为他们并不是来看病的。在这些人心中，他们只是不满足自己目前的这张"面具"，想换一张而已：犯下重罪的小晴企图通过整容来逃脱法律的制裁，却逃不过心灵上的谴责；靠美丽的容颜赢得婚姻的韩思蕊因为整容失去了爱情，而最终因为灵魂的尊严又赢回了丈夫的尊重；内心扭曲的张思源因为忌妒索那的成功，一次次诱骗助理陷害索那。这些人为了自己所谓的更好的生存，无休止地戴着人格面具，换来得却是内心痛苦的煎熬。

当今社会，真正意义上的表里如一的人很少，就像一只不会变色的变色龙会被饿死一样，一个不会"伪装"自己的现代人也必然不会有立足之地。但是我们提倡的"伪装"不是要每个人都用一颗虚假的心去对待别人，而是通过面具，让别人看到你想展现的良好一面，并隐藏自己某种不适合表现出来的情绪，让你与你周围的环境更契合，让你与社会更融洽。

　　每个人都有人格面具，尽管不想要，却不得不戴上。我们戴着面具行走，去面对更多的面具。很多人都会反省，人格面具是谁为自己戴上的？是生活？还是工作？其实，归根结底还是自己为自己戴上了人格面具。既然已经戴上了面具，那就好好地戴着吧，因为这个世界需要这样。但是，如果长时间地沉溺于某个社会角色，而将自己的本性长久压抑，那么就会让自己经常处于担心面具随时掉下来的紧张情绪里，也会活得很累。所以，不妨偶尔地摘下面具，让自己真正地放松下来，真正地快乐起来。

处世箴言

　　戴上人格面具不仅仅是为了我们能更好地适应社会，更是为了寻求社会的接纳与认同。没有人可以与社会完全地契合，在与社会出现相背离状态的时候，我们就应该让自己戴上人格面具，去更好地适应社会，在为人处世的长河中更加游刃有余。

得饶人处且饶人

宋代政治学家、理学家真德秀在其《长沙劝耕》中说："争先好胜灾偏速，退步饶人福自来。"意思是说凡事过于斤斤计较、争强好胜就容易招致灾祸，懂得宽容忍让，福运就会不期而至。在我们的人际交往中，对别人的过失或错误，小小的指责并无可厚非，但要注意分寸，不可太过严苛，要得饶人处且饶人。

世界上的人有这么多，人跟人能够从不认识到认识，从陌生到熟悉，总是一种难得的缘分。人与人的交往中，没有谁是谁肚子里的蛔虫，可以完全了解别人的想法。彼此之间出现意见不合、产生误会，这样的情况总不可避免，如果揪住对方的错误不放，太过斤斤计较、不让对方低头誓不罢休，就会让彼此之间的关系日渐僵硬，你的朋友也会与你越来越疏远。

在我们的周围，生活着各种各样性格的人。有的人不管什么事情，一定要争出一个"理"字才肯罢休，他们往往言语犀利，很善于抓住别人的言语漏洞进行辩驳，势必要把对方理论得哑口无言、面上无光、低头认输；某些时候，即使是自己不在理，他们也可以凭借自己的如簧巧舌，颠倒黑白，把理争到自己的一方。这样的人一般不会有太多的朋友，因为他们太过较真；这样的人在与别人的交往过程中，往往会让别人避而远之，因为别人总要将神经绷得紧紧的，以好好"应付"突如其来的辩论。

也许，在辩论赛上、谈判桌上，这些人会是不可多得的人才，但是生活毕竟不是一场又一场的辩论，也不是一局又一局的谈判，没必要非要理论出个输赢才可以。再者，输赢自在人心，就像卡耐基说的："你赢不了辩论。如果输了，当然就是输了；如果赢了，你也是输了，因为你输掉了形象，失去了跟别人友好相处的机会。"我国古语有云："水至清则无鱼，人至察则无友。"我们虽然不能游戏人生，但也不应太过较真。人与人之间要互相体谅、互相理解，得饶人处且饶人。

当与人发生矛盾的时候，最下下之策就是用一些恶毒的语言去揭露对方的隐私、嘲讽别人的缺点，这样只会将矛盾激化为冲突，很有可能将一个小小的纠纷闹到不可收拾的地步。而那些会做人、会处世的人在遇到矛盾纠纷的时候，会尽量以和为贵，尽可能地维护别人的尊严，有进有退，得理让人，往往能够大事化小、小事化了，不仅不会让纠纷破坏彼此的关系，还有可能让彼此的友好关系在争吵过后变得更加亲密。

有人很形象地描述跟人争执过后的结果：一场狂风暴雨般的唇枪舌剑之后，人们得到的不过是心烦意乱，失去的却是彼此之间亲密的情谊，并且彼此也会日渐疏远。由此可见，争执、纠纷，不过就像是牙齿咬到了嘴唇，疼一疼就过去了，难道非要敲掉牙齿才算了事吗？更何况，即使敲掉牙齿，嘴唇受过的疼也已经受过了，敲掉牙齿也没有多大的意义了。所以，有些时候，为了一个根本不算重要的东西，对人咄咄相逼，既伤害了对方，也显得自己不会做人。何不得理让人，适时而退，用行动去感化别人？要知道，"饶人福自来，瞒小祸自至"。

出去吃饭的时候，我们可能遇到过这样的情况：挺小的一个小饭馆，几乎坐满了人。服务员上菜的时候，为了躲避邻桌突然跑出来的小孩，不小心将菜汤洒在了另外一桌客人的裤子上。服务员赶紧道歉："对不起，我不是故意的，我拿餐巾纸给您擦擦。"边说还边弯腰为客人擦掉裤子上的菜汤，谁知，客人一把推开服务员："你是干什么吃的！长眼没长眼啊！知道这裤子多少钱吗……"服务员满脸通红，特别尴尬，还连连道歉："对不起，对不起……"一起来的朋友劝他："算了吧，也没有伤到人，再说人家也不是故意的，得饶人处且饶人吧……"谁知，不劝还好，这一劝还真把这位客人的火劝上来了，他更加地盛气凌人："把你们经理叫来！"经理过来，还是连连地道歉，并说"这顿饭不用埋单了"之类的话。如此，才算平息了一场风波。

其实，何必呢，不过一件衣服而已，衣服再贵也不至于能够凌驾于人的尊严之上。这样咄咄逼人、得理不放，只会让周围的人看出你的庸俗以及做人的狭隘心肠。

在现如今的社会中，有些人仗着自己手里有钱、掌权，说话得理不饶人、做事不给别人留面子，永远一副高高在上的姿态，常常让别人下不来台，却不知道，在伤害别人的同时，也证明了自己的不会做人、不会处世。

大凡那些有杰出成就的人，都拥有一颗宽广的心，不会在小事上与人斤斤计较，不会在争执的时候非要争出个所以然来，他们都有容人的雅量。即使是在面对自己的劲敌，也能保持应有的风度，得理让人。俗话说："冤冤相报何时了。"得饶人处且饶人是一种宽容，是一种潇洒，也是一种仁慈。

智者说，听到有人骂自己，他连头也不回，他根本就不想知道骂他的人是谁。因为，在智者看来，人生苦短，有意义的事情、要做的事情太多太多，又何必为这种令人不愉快的事情浪费时间、浪费精力呢？俗话说："宰相肚里能撑船，将军额上能跑马。"古今中外的成功人士往往都能容人所不能容，忍人所不能忍。虽然，不是每个人都能成为智者，但我们在日常生活中，应该要明确自己需要对什么事情认真，什么事情可以忽略不计，而不是凡事都斤斤计较、于琐事上计较纠缠。虽然要做到这些并不是一件容易的事情，需要长时间的磨炼，但最起码，我们都应该拥有一颗宽容、豁达的心，为人处世不拘小节，得饶人处且饶人，凡事都从长远考虑、从大处着眼，才有可能立大业、成大事。

得理不让人、痛打落水狗，是一种赶尽杀绝的做法。让对方走投无路，把对方逼进绝地，如果不能成功地一击而杀，结果可能会适得其反。被逼入绝境的人，往往会有一种"置之死地而后生"的勇气，其所迸发出来的力量往往也会出人意料。不如就这样，给对方留一条生路，也是为自己的将来留一条后路。如果今天，非要得理不让人、赶尽杀绝，焉知日后不会角色对调狭路相逢？

中国的传统美德讲仁政、讲恕道，讲"己所不欲勿施于人"；今天我们讲宽容、讲原谅，讲"得饶人处且饶人"。世事无常，要知道风水轮流转，没有人可以保证自己一辈子风光无限，也许你也会有落魄不如意的一天。如果当初你苛刻对待的人现在成就恰好比你高，你当初对别人的一分不好，就有可能得到别人十分地还回来。所以，请善待别人，这也是在善待自己。

"饶人不是痴汉，痴汉不会饶人。"就是说，原谅别人的过错、冒犯或失礼之处的人不是傻子，只有傻子才不会原谅别人。原谅、宽恕别人不是懦弱，也不是无能，更不是窝囊，那恰恰是一种做人的智慧，是聪明人的处世之道。

处世箴言

既然"理"已明，又何必咄咄逼人？杀人不过头点地，得饶人处且饶人。给别人留面子，也是对自己的一种尊重；给对方留退路，也是给自己留后路。宽恕，是人生最大的美德；包容别人、宽恕别人，体现的是我们人格的高尚，这也是一种精神追求。

第 5 章

Chapter Five

别再把朋友理解成"玩伴"

多个朋友多条路。善交朋友，并不是只以自己的喜好去"挑拣"朋友，而是四海之内皆可为友。以自己的真心去交换朋友的真心，朋友可以成就自己；同时，对手或敌人也可帮助自己成长。因此，善待每一个朋友，也善待每一个对手。

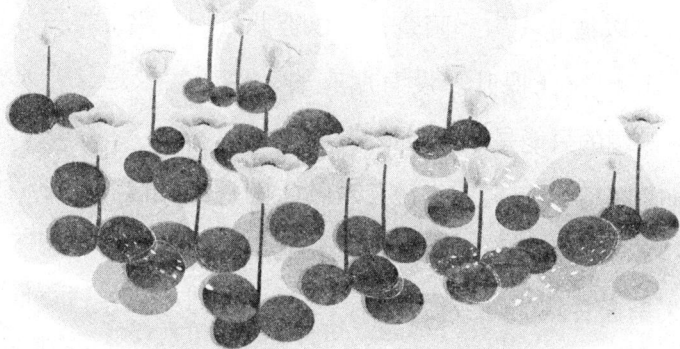

交友不因喜好，四海皆朋友

　　英国的军事理论家托·富勒说过："人在一生之中交上一个挚友，也就可以称得上分外有福了。"真正的朋友，能够给人以力量，给人以战胜困难的勇气，是人生道路上一道美丽的风景。要想成就大事，就要学会与不同的人打交道，即使志不同、道不合，也可以成为朋友。四海之内皆可为友，不宜只因自己的喜好去选择朋友。

　　俗话说："一个篱笆三个桩，一个好汉三个帮。"也就说明了，人生在世，朋友是我们身边必不可少的人。真正的朋友，是我们人生道路上一道绚烂的风景；真正的朋友，可以使我们获得精神上的愉悦，使我们变得纯洁高尚。与真正的朋友在一起，快乐，可以彼此分享；忧伤，可以彼此抚慰；困窘，可以彼此分担；事业，可以彼此扶持；道德，可以彼此提升。没有朋友的人生，就像是身处无人的沙漠，萦绕在周围的只能是寂寞与孤独。

　　对于初入社会的年轻人来说，对社会的各种人情世故都不是很了解，社会的复杂状况也经常会让他们感到茫然，此时，"朋友"的出现就犹如久旱逢甘霖、他乡遇故知，令其喜悦万分。怎样交朋友、交上什么样的朋友，不仅会对他们的人际关系以及事业产生影响，甚至会影响他们的一生。

对于交朋友，不同的人因其世界观、价值观不同，对"朋友"的界定也会有很大的差别，有的人认为应该交有钱的朋友，可以在自己的发财之路上助自己一臂之力；有的人认为应该交有权的朋友，可以为自己的仕途拓宽关系。事实上，仁者见仁，智者见智，我们在交朋友的时候都要保持自己的原则。

大教育家孔子曾说过："益者三友，损者三友。友直，友谅，友多闻，益矣。友便辟，友善柔，友便佞，损矣。"圣人明确告诉了我们应该与什么样的人交朋友，不应该与什么样的人交朋友。即与正直的人交朋友，与诚信的人交朋友，与见闻广博的人交朋友，是有益的；与惯于走邪道的人交朋友，与善于阿谀奉承的人交朋友，与善于花言巧语的人交朋友，是有害的。孔子说："巧言乱德"，"巧言令色鲜矣仁"，"人而不仁，如礼何；人而不仁，如乐何？"孔子极其讨厌那些阿谀奉承、花言巧语的人；至于生活当中那些臭味相投的狐朋狗友、酒肉朋友，就更加不值得一提了；拉帮结派、结党营私，也更不应划在"朋友"一词的范畴。

孔子对于交朋友一直是秉承严肃、认真、严格的态度的。他说的"无友不如己者"以及"道不同，不相为谋"，等等，既体现了孔子交友的严肃认真，也体现了他客观灵活的处世技巧。因为从深层次上讲，人生观、价值观不相同的人，是不可能真正成为志同道合的朋友的。但从另一方面说，人各有志，在现实生活中，人与人之间的关系极其复杂，"道不同"却能够"相为谋"的状况也是极常见的。当然，这样的"为谋"也只能停留在共事的基础上，至于深交成为挚友，那也是不大可能的。

　　在我们的一生当中，会遇到各种各样的人，他们可能会成为我们的同学，可能会成为我们的爱人，可能会成为我们的朋友，也有可能会成为我们的敌人。而在这些众多的关系当中，无疑朋友会是我们人生中的常青树，在我们成长的道路上给予我们力量，赋予我们希望。开心的时候，难过的时候，困窘的时候，失望的时候，都会有朋友的陪伴，与我们一起分享，一起承担。

　　《论语》中有这样的一段故事：子夏的学生向子张询问怎样结交朋友，子张问："子夏是怎么说的？"学生回答道："子夏说：'可以相交的就和他做朋友，不可以相交的就拒绝他。'"子张说："我所听到的和这些不一样：君子既尊重贤人，又能容纳众人；能够赞美善人，又能同情能力不够的人。如果我是十分贤良的人，那我对别人有什么所不能容纳的呢？我如果不贤良，别人就会拒绝我，那我又怎么谈得上拒绝别人呢？"

　　关于怎样交朋友、交什么样的朋友，子张作出了十分精彩的回答：他主张提高自己的素质与各种各样的人交朋友，贤人就敬他，一般人也要容纳他，差的就帮助他、教育他，这才是海纳百川的胸襟。子张的观点正如孔子所说的"德不孤，必有邻"，"自行束脩以上，吾未尝无诲焉"，也与孔子的"三人行，必有我师焉。择其善者而从之，其不善者而改之"的精神是一致的。所以，我们应该在牢记孔子的"友直，友谅，友多闻，益矣；友偏辟，友善柔，友便佞，损矣"的前提之下，将子张的交友原则当做我们日常生活中交朋友的总原则，这也许会更加适合现代社会的人际交往。

　　基于孔子和子张提倡的交友原则，我们就可以完全放开心胸去广交朋友，任何人都可能成为我们的朋友，而不是以狭隘的心态、势利的眼光去选择朋友。明代学者苏浚在其作《鸡鸣偶记》中将"朋友"

分为四类："道义相砥，过失相规，畏友也；缓急可共，死生可托，密友也；甘言如饴，游戏征逐，昵友也；利则相攘，患则相倾，贼友也。"除此之外，还有许多"朋友"，诸如诤友、难友，诸如损友、媚友，诸如狐朋狗友、酒肉朋友，等等。多少教训都告诉我们：如果交上了好朋友，将终身受益；如果交上了坏朋友，将贻害无穷。

战国时期，齐国的孟尝君喜欢豢养门客，专门结交天下有各种各样一技之长的人为友，门下的食客多达好几千人。一次，秦昭王听信谗言，将孟尝君软禁起来。孟尝君身陷囹圄之际，差人找到秦昭王的宠妃燕姬为自己求情，燕姬要求孟尝君以一件银狐皮袍子作为报答。不巧的是，孟尝君已经把银狐皮袍子送给秦昭王了。正在犯难之际，有一位门客自告奋勇，晚上从狗洞爬进宫中，偷出了那件皮袍子。孟尝君将皮袍子送给燕姬，成功使得秦昭王放了自己。孟尝君在逃离秦国都城的时候，恰逢函谷关夜半闭门不开，要等到鸡鸣时分才开关。孟尝君担心秦昭王反悔，派兵来追，十分着急。此时，门客当中有一名会学鸡叫的人学起了鸡叫，以致关内的公鸡都叫了起来。守关人听见鸡叫，忙打开关门，孟尝君一行人才得以顺利逃出函谷关。

这便是"鸡鸣狗盗"的来历，孟尝君将一些具有雕虫小技的人，收拢于自己的门下，集众长以为己用，这也是孟尝君成就人生事业的重要因素之一。

"世界上没有永远的朋友，也没有永远的敌人，只有永远的利益。"这是西方人的观点，但中国的传统道德讲究海枯石烂、永不变心，也因此才有了所谓的"结拜"、"盟誓"的仪式，也才有了"路遥知马力，日久见人心"的警示。在现如今"利益至上"的社会，我们在人际交往的过程中，要有自己做人的原则，有自己的判断力，不要人云亦云，不要轻易就跟着别人改变。要有判断是非的能力，有欣赏"诤友"的肚量和心胸，要警惕那些凡事都顺着自己的朋友；要善于在与别人的交往中，"见贤思齐，见不贤而内自省"，不要因为是朋友就盲目地跟从；在与朋友的相处中，有困难的时候要欣然接受朋友的帮助，朋友有难的时候也要乐于伸出自己的援助之手。

这样，在成长的过程中，在成功的路途上，有朋友的陪伴，有朋友的帮助，我们就可以不畏风雨，不惧艰难，载着朋友的期许，朝着自己的理想前进，成功也就会近在眼前。要记得，朋友多了路好走。我们都应该放开心胸，去结交所有可以成为我们朋友的人。

处 世 箴 言

君子之交淡如水，小人之交甘如醴。鲁迅先生说过"人生得一知己足矣"，但是，人生却不能只有一个朋友。多个朋友多条路，在我们的一生当中，每个人都应该放开心胸去广交朋友，避免以狭隘的眼光去挑剔、选择朋友。

朋友之间贵在以诚相待

马克思说："真诚的、理智的友谊是人生的无价之宝。你能否对你的朋友守信不渝，永远做一个无愧于他人的人，这是对你的灵魂、性格、心理以至道德的最好考验。"与人相交，贵在真诚、坦率，擅长敷衍的人注定走不进别人的内心，也不会得到别人的以诚相待。

大千世界，纷纷扰扰，朋友是世界上最朴实、最不加修饰的那道风景。在漫长的人生旅途中，朋友的关怀与问候，总会让我们感受到人间的温暖与关爱。一句问候，一声叮咛，一抹微笑，一个拥抱，就会让彼此之间的距离消失于无形。

朋友之间贵在相互理解、相互信任，贵在以诚相待。真诚，是人与人之间沟通的纽带，是双方建立最起码的信任的基础。人与人之间的相交贵在知心，要做到知心，就要求双方都能够以真心诚意的态度来结交。如果你能做到对别人以诚相待、不存芥蒂，他人也必会以真诚回报与你。就如《诗经》所言："投我以木瓜，报之以琼琚。投我以木桃，报之以琼瑶。投我以木李，报之以琼玖。匪报也，永以为好也。"刘备不辞辛苦，三顾茅庐，才有了诸葛亮的出山相助，成就一番伟业；俞伯牙、钟子期的惺惺相惜、真诚相待，才有了"高山流水"的千古绝唱。古往今来，那些可以称之为"士"、"君子"的人，大都明白以心交友、以诚相待的道理。

侯赢是魏国大梁的看门人，虽然很有才华，但因其平时并不张扬，所以很少有人知道他的能耐。信陵君听说以后，就带着厚礼去侯赢家拜访，侯赢不接受，并对信陵君说："我十几年来修养品德，坚守操守，并不能因为我守门贫困就接受公子的财物。"信陵君不但没有生气，在往后的日子还专门为侯赢办了丰盛的酒宴，并亲自驾车去接他。侯赢上车之后直接坐在上座，还在途中故意说要去拜访一个杀猪的朋友，而且还跟朋友故意寒暄很久。看到这一切，信陵君没有一点不耐烦，一直是微笑着在一旁等候。回家之后，信陵君依然把侯赢请到上座，还把他介绍给在座的宾客。侯赢大为感动，对信陵君说："公子今天对我，真是太辛苦了。我只是个守门人，我故意让公子赶车来接我，故意让公子在闹市等我和朱亥谈话，都是为了公子你啊！从今往后，人们只会当我是小人，看到的都是公子你礼贤下士、以诚动人的胸怀，对于成就公子的美名是很有帮助的。"

也正是信陵君对侯赢以及朱亥的以诚相待，才换得了侯赢与朱亥的真心效忠，也才成就了公子尊重人才的美名，有助于信陵君以后结交更多的人才。正是侯赢与朱亥在赵国危难之际的鼎力帮助，才导演了一出流传千古的"窃符救赵"，也使得信陵君的声誉达到了顶峰。

我国古语有言曰："路遥知马力，日久见人心。"你真诚地帮助了别人，别人就会感受到你的善意与诚意；假如你是戴着面具接近别人，怀着某些不可告人的目的与人相交，也许会得一时之利，但时间久了总会露出马脚，一旦被人揭穿，最终失掉的将是人心。正所谓"得道多助，失道寡助"，此时，失掉人心的你就会变成真正的"孤家寡人"。

人们常说："前世的几百次回眸，才换来今生的擦肩而过。"人海茫茫，每天都有无数的人擦肩而过，却互不相识；如果可以走到一起，聚首一堂，欢歌笑语，这既是一种难得的缘分造化，又是彼此之间真诚相待的结果。因为真诚，才会从不相识到相识，从相识到相知；因为真诚，才有了解，才有真心，才有尊重；因为真诚，才能相互鼓励；因为真诚，才能做到心无芥蒂，无拘无束地畅所欲言。

从陌生人到朋友，从普通朋友到知己，之间的差距就是那座叫"真诚"的桥梁。真正的好朋友，并不一定要天天黏在一起，也不一定非要志同道合、有相同的理想或人生目标；真正的好朋友，必然都有一颗以诚相待的心。如果没有这颗真心，即使是再美丽的友谊也不过是用虚伪或谎言堆砌起来的，也不过是镜中花、水中月，难以维系长久，更加不会增进。

有人曾说过："炼铁需要有硬火，交友需要有诚心。"与朋友真诚相待，就是要做到将心比心、以心换心。正因为是朋友，才应该在看到朋友不足的时候，委婉而真诚地指出，帮助朋友改正，而不是只知道阿谀奉承、巧言令色；正因为是朋友，才应该在朋友遇到困难的时候，伸出自己的援手，帮助朋友渡过难关，而不是抽身而退、落井下石。

富兰克林年轻的时候，曾十分地骄傲自大，往往在言行间显得特别不可一世、咄咄逼人，很不受人欢迎。他的一位朋友实在看不下去了，就把富兰克林叫去诚恳地谈了一番。朋友对富兰克林推心置腹地说："富兰克林，你仔细想想，你那种事事自以为是、高高在上的态度，会让别人怎么看你呢？你经常不听取别人的意见，经常给别人难堪，时间久了，所有的人都会对你避而远之，而你也不可能再从别人那里学到东西了。更何况，就你现在掌握的东西，是十分有限的，与那些高水平的人还相差得很远，你有什么资本自恃有才呢？"

朋友的一席话对富兰克林犹如当头棒喝，他大受触动，决定从此痛改前非。没多久时间，他就由一个狂妄自大、人人避而远之的刺头，变成了一个处处受人欢迎和爱戴的人。正是因为朋友对他的真诚规劝，才使得富兰克林彻底地改变自己；假如没有朋友的直言规劝，那么也许后来的富兰克林依然会是那么肆无忌惮、目中无人，也许就不会有日后的成就了。

"光明磊落、肝胆相照"不是传说，"士为知己者死"也不是神话。只要在与人相交的过程中以心换心、以诚相待，我们都可以拥有真正的、值得的朋友。如果我们自己做不到以诚待人，又拿什么去期待朋友的真诚相待呢？只有我们在日常的生活中，理解朋友、信任朋友，对朋友真诚相待，才会得到朋友同样真诚的回报。

处世箴言

人之相交，贵在以诚；人之相知，贵在知心。当你付出真诚的时候，你得到的真诚回报远比欺骗要多得多。以真诚来体验真情，其实并不是一件困难的事情，只要我们都懂得以诚待人。

充分尊重朋友的自尊心

约翰·高尔斯华绥说过："人受到的震动有种种不同：有的是在脊椎骨上，有的是在神经上，有的是在道德上，而最强烈、最持久的则是在人的尊严上。"自尊心来自于人的心灵，它支配着我们的心理状态，影响着我们的情绪，甚至决定着我们的成就。与朋友相处须尊重对方的自尊心。

现实社会中，由于人与人之间的千差万别，在我们的周围，总会有许多各方面都比我们自身强的人，也会有很多不如我们的人。这些差别还导致了我们每个人都渴望得到比自己强的人的认可与赞赏，渴望得到不如我们的人的仰视与羡慕，一旦我们得不到心中所想，我们就会感觉自己的自尊心受到了伤害，相应的，我们的情绪也会受到很大的影响。

任何人在人际交往中，都有一种近乎本能的维护自我价值的倾向，这就是我们的自尊心。如果彼此之间很陌生，自尊心的问题倒不会变得十分明显；如果是亲人、朋友、知己等十分亲密的关系，自尊心就会被放大到很明显的位置，我们往往会很在意来自亲朋的看法与意见。真挚的友谊就像是一株生长缓慢的植物，砍掉它只需要一刀或一瞬，但培育它却需要一生一世。我们在与朋友交往的过程中，都必须对别人的自我价值感起到积极的支持作用，就像马克思说过的："友谊需要忠诚去播种，热情去浇灌，原则去护理。"而尊重朋友的自尊心，就是对友谊的尊重，是彼此之间关系得以维持的纽带。

我们都明白，精神层面的东西往往会比物质层面要重要。假如，一个人遭遇意外，有钱财上的损失，其实尚算无关紧要；而如果一个人的自尊心受到了伤害，那么谁也无法估料他会有什么样的行为。事业垮了可以重新开始，金钱丢了就当是破财免灾，也可以再挣，唯独心灵上的创伤，不是一朝一夕就能愈合的。有时候，也许你的一句话、一个小小的行为，都是无心的，并没有伤害别人的意思，但是在别人听来、看来却不是这样子。正如一句老话所说："说者无心，听者有意。"也许你的一个不经意，就会造成对朋友很严重的伤害，彼此之间的友谊说不定也会破裂。

中山是战国时期的一个小国，其国君就曾发出过"与不期众少，其于当厄；怨不期深浅，其于伤心"的感慨。一次，中山国君设宴款待国内的名士，大夫司马子期也在座。但不巧的是，羊羹的数量不够，无法让全场的人都喝到，司马子期就是被遗漏的一个。在司马子期看来，中山国君不给自己喝羊羹就是对自己的不尊重以及不重视。所以，他怀恨在心，遂跑到楚国，劝说楚王攻打中山。楚国的实力远在中山之上，不出所料的

中山被楚国攻破了。

中山国君在外逃的路上，发现有两个人拿着武器一路上都在保护他，甚至不惜牺牲自己的性命。中山君问他们为什么，他们回答："当初我父亲因为您赐予的一盘食物而免于饿死，父亲在去世前叮嘱，要我们必须竭尽全力报效您。"中山君听完，感叹说："给予别人的东西不在多少，在于别人是否需要；施怨不在深浅，在于你是否伤了别人的心。我因为一杯羊羹而亡国，却因为一盘食物得到了两位勇士。"

尺有所短、寸有所长，谁都不是十全十美的人，谁都会有自己的长处与短处，谁也会有自己的疏忽之处。不管是朋友的优势还是不足，我们能做的就是给予尊重，朋友的长处我们给予赞赏，朋友的不足我们真诚指正。尊重，是维持真挚友谊的必要之举；没有尊重，也就不会有真正的友谊。物理学上讲"力的作用是相互的"，你给朋友尊重的同时，也会得到来自朋友的尊重。

俗话说："人有脸，树有皮。"每个人都有自尊心，都希望别人的言行不会伤害到自己的自尊心。我们不希望朋友带给我们伤害，那么首先我们就要不去伤害朋友。要做到不伤害朋友的自尊心，就要从以下几个方面努力。

（1）抑制自己的好胜心。现今社会，越来越多的人拥有很强的表现欲望，也有越来越多的人在强调要拥有自己的个性，好胜心也变得极强，往往有一种"不达胜利不罢休"的势头。殊不知，正是这种过度的好胜心作祟，才使得有些人总是热衷于在别人面前表现自己、出尽风头，在日常生活中也会经常把事做得不留一点余地，给朋友造成难堪。其实，退一步就可以海阔天空，在某些小事上，大可以选择做朋友的陪衬，不着痕迹地照顾好朋友的自尊心，让朋友也感受到自己的价值。这样，不仅赢得了朋友的好感，也收获了真挚的友谊。

（2）避免谈及朋友的痛处。任何人的心底都会有一处最柔软的地方，这块最柔软的地方恰恰也是他最敏感的地带，这里是不允许别人随便触及的。这里对他们而言，或许是痛处，或许是弱点，也或许是自卑点。对于这里，他们总有着千丝万缕的顾忌，有着心虚一样的敏感。即使你是无意中触及了朋友的痛处，以他们的敏感或许会把你的言行当做是有意的伤害。有心地提起不行，无意地谈及也要避免，不论什么时候都要记住：不可将自己的快乐建立在别人的痛苦之上，否则，这无疑是将自己推入孤家寡人境地的愚蠢之举。

（3）不宜在公众场合揭朋友的短。在公众场合，尤其是有朋友在意或尊敬的人在场，最不宜将朋友的短处——揭露，这样会大大伤害朋友的自尊心，严重者会导致朋友之间关系的破裂。一般的人往往会忽视掉这样一个事实：人的自尊心其实是种难以捉摸的东西，在人少的情况下，它是迟钝的，而在公众场合就会变得敏感；在不如自己的人面前，它是迟钝的，而在自己重视的人面前就会变得敏感。即使是闲聊，在朋友看重的人面前随意揭他的短，这无疑会让朋友颜面尽失而迁怒于你。因此，在公众场合，在朋友重视的人面前，要避免谈及朋友的短处。

（4）不要谈及朋友的隐私。如果你无意当中知晓了朋友的隐私，最好的处理方法就是将它从记忆当中删掉，以免哪天由于嘴巴的不严实而将朋友的隐私泄露出去。即使亲密如爱人，也会有自己的小秘密，更何况是朋友，心里有自己不愿意告诉别人的隐私是很正常的事情。对朋友的隐私，我们要给予理解，给予尊重，给对方一个属于自己的私密空间。随意侵入朋友的隐私世界，并将朋友的隐私大肆宣扬，只能引起朋友的不快与反感，甚至是仇恨。

　　没有尊重的友谊，就像是没有基石的高楼大厦，风一吹就会倒塌。在与人相交的过程中，只有互相尊重才能维护友谊的快乐与价值。尊重朋友的自尊心，才会得到朋友的尊重，彼此之间的友谊才会风雨不动安如山，才会有长长久久的生命力。

处世箴言

　　只有懂得尊重他人，才会赢得他人的尊重。一个不懂得尊重别人的人，实际上也是对自己的不尊重，也是对自己人格的毁灭。在人与人的交往中，我们都应该学会尊重朋友的自尊心，这样才能成为真正懂得做人智慧的人。

不吝惜对朋友的付出

亚里士多德说："友情，最需要的不是接受爱，而是奉献爱。"在这个世界上，人与人之间的交往也类似于市场，要遵循等价交换原则。每个人都希望自己的付出是值得的，是有所回报的，那么，在想着得到回报之前就要先有所付出。只有你对朋友真心付出，才能够换来朋友的真心回报。

真正的朋友，平时可能没有过多的语言，与你的关系也看似一般，尤其是在你取得辉煌成就的时候，他可能只是站在一旁默默为你祝福；但当你遇到困难的时候，他一定会第一个站出来帮你，为你倾尽一切力量，而且还可能在帮助了你之后不会告诉你。我们交朋友，不能只看他们能给我们什么，更要看我们能够为他们做什么。能够为朋友付出的人，才会让人觉得他是值得交往的人。你对朋友的一分付出，日后可能得到朋友的十分回报，友情也会在相互的付出中更加深厚，更加久远。

美国的社会学家霍曼斯研究指出，人与人的交往从本质上可以看成是一种等价交换，付出与收获是同等的。我们都在希望自己的付出是值得的，是能够得到等价交换的回报的，甚至是得到大于失去的回报，而一旦我们的得小于失，我们就会觉得自己吃亏了，就会产生心理上的不平衡。但是，现如今"金钱至上"、"利益至上"的观点越来越多地充斥于我们的视野当中，在人与人的交往中，我们也越来越多地去在意别人能够带给我们什么、别人能够为我们做什么，而忽略了我们能够给别人什么、能够为别人做什么。

人与人之间关系的建立与维持，都要遵循一定的价值规则。朋友之间也是一样，没有谁会只想着一味的付出而不求回报，也没有谁可以一味地接受而不讲付出。完全地想着从朋友那里获取，却不想着为朋友付出什么，时间久了，别人对于你的印象只会停留在自私、虚伪的阶段，朋友不会对你交心，你也永远走不到朋友的心里，你也不会交到真正的朋友。

真正的朋友，是在难过的时候，能够借个肩膀依靠，彼此抚慰的人；真正的朋友，是在困惑的时候，能够指点迷津，帮助彼此拨开乌云见晴空的人；真正的朋友，是在困难的时候，能够挺身而出，帮助彼此走出绝境的人。

冯梦龙的《喻世明言》中记载过羊角哀与左伯桃的故事：左伯桃在前往楚国求取功名的路途中，认识了同样热爱读书的羊角哀，两人十分投缘结为异姓兄弟，遂一起前往楚国谋事。在行过岐阳路经梁山的时候，两人陷入干粮用尽、被困冰天雪地的困境之中。在这生死关头，他们想到的都是把生的希望留给对方。左伯桃知道干粮只能供一人坚持到楚国，他也清楚自己没有羊角哀知识渊博，便情愿牺牲自己去成全羊角哀的功名。于是，他就故意摔到地下，叫羊角哀去搬块大石头来休息。等到羊角哀搬来石头，左伯桃已经将衣服脱了，裸卧在雪地上，冻得只剩下一口气了。羊角哀大恸而号，左伯桃却叫羊角哀把自己的衣服穿走，把所有的干粮也拿走，去楚国求取功名，说完就断气了。而羊角哀也没有辜负好兄弟的一番苦心，得到了楚元王的青睐，官拜中大夫。

人与人之间交往的基础是互惠，友情就是建立在此基础上的，只是这种"互惠"并不能简单地理解为利益的互惠。但是在我们的生活中，却不乏这样的一些人，他们交友的目的就在于对方有什么利用价值，与之交往能给其带来什么好处。如果对方能够为其提供便利、能够满足他们的需要，就一副情深义重的样子；而一旦对方没有利用价值，或是遭遇到麻烦，他们就推诿责任、唯恐惹祸上身，甚至是落井下石。这种人只看到了从朋友那里获得利益，却没想过在朋友有难的时候伸出援手、对朋友付出自己的关心与帮助。这样的人，轻者说是"现实"，重者说是无情无义、寡廉鲜耻。而在以后的人际交往中，其他人也必然会对这种人戒心重重，以免他故技重施伤害到自己。

对朋友的付出，是一种情感的储蓄，或许你的一生都不会用到它，但它会被储存得越来越多，而且会让你的内心感到无限地满足；对朋友的付出，是一种情感的投资，用不到它的时候不觉得有什么，一旦你需要，朋友就会百倍千倍地回报与你，此时的你会觉得你是世界上最富有的人。有这样的一句话说得好："财富不是一辈子的朋友，而朋友却是一辈子的财富。"

人的一生是漫长的，我们每个人都需要太多太多的友情，否则我们的人生旅途就会充满寂寞与孤独。真正的友谊，不在于我们能够从

朋友那里得到什么，而在于我们能够给予朋友什么，在于我们能够为朋友付出什么。我们所能为朋友付出的，不一定要求回报，不应该是有任何代价的；我们所能为朋友付出的，不仅仅是物质上的满足，还包括精神上的支持、能力上的援助，等等。

物质上的满足是我们人类最基本的需求，也是我们每个人都在追求和争取的。在自己力所能及的情况下，给朋友以物质上的帮助，是最直接也是最快速的方法。

精神上的支持是指在朋友感到困惑的时候给予安慰与劝导。当朋友处于困惑当中的时候，我们的安慰与开导，能够帮助朋友走出心理上的困境，理智地作出正确的选择。朋友也可以从这种精神支持中获取力量，以及得到自我价值的肯定。

能力上的援助是指妥善运用自己比别人优越的能力，去帮助朋友办成一些其能力办不到的事情。你的才华、你的能力，会成为你与人交往中的特殊财富，会使别人产生对你的钦佩与欣赏，别人也会十分乐于跟你交往。

除此之外，还有语言上的赞美与认可，信息上的援助，等等。我们可以在很多方面给予朋友所需要的，让他们认可、了解我们付出的意义。值得一提的是，我们在付出的时候，要注意态度和方式方法。要知道，我们对朋友的付出，是一种给予，但不是赏赐，也不是施与。如果我们的态度或方式方法让朋友感到是对他们的赏赐或施与，那么即使他们会接受也不会感激，他们会觉得你的付出不过是对他们的同情与可怜，你的付出是高高在上的。古人云："不食嗟来之食。"更何况是我们这些标榜自立、自强的现代人。

在与朋友的日常相处中，要善于观察到朋友的需要，主动问一句"需要帮忙吗？"，然后力所能及地付出自己的努力去帮助朋友。

这样，有时候即使你真的帮不上忙，你的一句关切的问候也会让对方感受到你的诚意与善意。我们都应该记住一句话："你付出朋友需要的，他们也才会给予你所需要的。"

处世箴言

我们在与朋友的相处中，都应该知道：愿意为朋友付出时间和心力的人，一定会赢得朋友的尊重与信任。当你向朋友付出的时候，你不仅仅是在帮助朋友，更是在提升你自己的生命价值。不要吝惜自己的付出，因为你得到的会更多；否则，只会让你失去更多。

朋友间的义气也要有原则做底线

南宋教育家陆九渊在《与郭邦逸》中说："君子义以为质，得义则重，失义则轻，由义为荣，背义为辱。"其大意是说，君子的本质在于道义，遵从道义的人受到别人尊重，丧失道义的人会受到轻视；讲道义是光荣，背道义是耻辱。朋友间讲道义是可以的，但也要有原则、有底线，不可胡乱讲道义。

在中国传统的文化中，"义"不仅仅是一种概念，还是古人尊崇的一种道德修养和人格境界。孟子曾说过："生亦我所欲也，义亦我所欲也；二者不可兼得，舍生而取义也。"在古人看来，虽然生命诚可贵，但道义价更高，为了维护道义，通常可以牺牲自己的生命。这才是所谓的"仁义"之士。在现今的社会，人们通常会遇到这样的情况，遭遇两难的选择，在二者不可兼得的情况下，只能权衡利弊、两害相较取其轻，选择其中的一个方面。

"义气"在《辞源》当中有两种解释，一种是"刚正之气"，另一种是"忠孝之气"。对我们中国人来说，讲义气、重承诺向来是值得褒奖的行为。从古至今，在中华民族的历史长河中，有许多英雄豪杰的故事值得我们称赞和效仿，其中很多人就是因为他们身上讲义气的品质在吸引着我们，也因此给我们留下了深刻的印象，比如《水浒传》一百零八好汉中的诸多豪杰，《三国演义》中的关羽、赵云，等等，就是因为他们对朋友讲义气、重承诺，才让我们看到了他们身上的闪光点。

但是，现今社会，物欲横流、利益至上的观念时刻冲击着人们的思想，"义气"在很多人的眼中已经发生了畸变，被狭隘地理解成"为朋友两肋插刀"就是讲义气的表现。其实，人与人相处，在朋友有困难的时候伸出自己的援手，尽自己最大的努力去帮助朋友，本就是理所应当的。但是，这里的"最大的努力"是有底线的，不能不辨是非、盲目地为了朋友的需要去做一些有违道德或触犯法律的事情。而"义气"的两个底线就是法律底线和道德、良心底线。

2010年开年大剧《南下》热播，剧中塑造了一个不断犯错误的英雄形象——孟思远。孟思远是一个天性淳良的农家孩子，他个性内敛、心思缜密，他善良、坚强，讲义气、重承诺。正是因为他的性格，使得他在一生当中犯了三次严重的错误，前两次受到了组织上的处分，最后一次却是受到了生活的惩罚。娄振，孟思远的朋友兼战友，他没有抵制住利益的诱惑，最终腐化变质。当娄振乞求孟思远为他做伪证的时候，孟思远狭隘的个人义气占了上风，以致他抛弃原则，在党组织面前一再地帮娄振做人情伪证。身为国家干部的孟思远，屡次为了朋友间的义气，将个人利益凌驾于国家利益之上，所以受处分也是他必须为自己的行为付出的代价。

中国人向来就十分看重"义"，儒家也推崇"仁、义、礼、智、信"。"义气"是一种反映人与人之间关系的道德理念，曾作为劳动人民反抗封建统治的精神纽带，在历史上起到过一定的积极作用。但是，放到现今社会来看，过分的哥们义气则是一种冲动，是一种无知和盲从。

现代社会，有些青少年错误地把哥们义气当做友谊，朋友有难要力挺，为朋友两肋插刀，以致在某些时候不讲原则、藐视法律、互相包庇，等等。有些人在坚持原则与哥们义气的两难中徘徊，他们明知道此时讲哥们义气是错的，但是为了维护"友谊"还是会无条件地去帮助朋友，最终很有可能将自己陷入错误的深渊不能自拔，结果是害人、害己、害社会。

小张、小李和小杨是从小一起长大的好朋友，小学、初中、高中也都在一个学校。高中毕业之后，他们都没有考上大学，三人在不同的地方找到了一份临时工，但是彼此之间的联系从没间断过。一次，小张刚下班回家，就接到小李的电话，让他赶紧回老家一趟，说是小杨被人打伤了。小张一听自己的好兄弟被人打伤了，顿时怒火高涨，骑上自己的摩托车连夜赶回老家。

回去之后，一问缘由，原来是在吃饭的时候，小杨不小心将烟头扔到邻桌一个年轻人的腿上，虽然不是故意的，小杨也道歉了，但是那个年轻人有点不依不饶的架势，因此两人打了起来。小杨被打伤了，胳膊缝了几针。小杨觉得气不过，就打电话将自己的好哥们叫来，准备给那个年轻人一点颜色瞧瞧。于是，三人经过商量，于第二天傍晚，把那个年轻人堵在了一条小胡同里，三人对其一顿拳打脚踢，然后扬长而去。为了庆祝，三人还喝了个酩酊大醉。等到他们醒来的时候，发现警察正在等着他们。原来是昨天他们将那个年轻人打成重伤，医院经抢救无效，宣布死亡。而他们三人因故意杀人罪，被起诉判刑，余生将在监狱中度过。

现如今，香港的一些电影喜欢讲述兄弟之间的义气，比如，为宋子豪报仇而跛了一条腿的小马哥，成天插科打诨却一起出生入死二十年的阿飞、阿基，与杀手小庄"英雄惜英雄"的警察李鹰，在身为警察应有的正义和对阿虎的道义之间徘徊的高秋，等等。这些人的故事都让我们看到了一批讲义气、重承诺的"兄弟"形象，而也正是因此，眼下很多的年轻人都以他们为榜样。

但是，我们应该明白影视作品与现实社会的差别，一味地讲道义并不适用。我国是一个法治社会，任何人都不允许为了某件事而去触犯法律。

朋友之间互相帮忙本无可厚非，在自己力所能及的范围内帮忙是可以的；但是这种帮忙如果被无原则、无底线的"义气"所驱使，就有可能触犯法律，到头来害人害己。朋友之间的义气要注意原则、要把握好分寸，不能感情用事。对朋友的帮助要有底线，不该办的事情坚决不办，不该帮的忙坚决不帮，不该去的地方也坚决不去。如果突破了这道底线，违背了原则，不但会将友谊毁于一旦，更甚者会害了自己。

处世箴言

在我们的人际交往中，我们都应该坚守"三好"原则，即做好人，行好事，说好话。而在与朋友的相处上，也应该坚守"三讲"规则，即讲法律、讲道德，讲原则，坚决杜绝狭隘意义上的"义气"行为。

善待对手，为自己创造先机

在我国的藏族地区流传着这样的一句话："认识了毒草，等于找到了一剂良药；看清了敌人，等于找到了一位老师。"真正的对手能够给予我们莫大的勇气，我们都应该为自己拥有一个值得的对手而感到庆幸。我们应该珍惜并善待自己的对手，这对自己也是一种激励。

有竞争就会有对手，一提起"对手"，很多人都会自然而然地就理解为我们的"敌人"，并且将其视为我们的眼中钉、肉中刺，心腹大患，恨得牙痒痒，总是欲除之而后快。其实，凡事都有其两面性，我们一方面在抱怨自己有对手的时候，更应该反过来庆幸自己有这么一个可以与之竞争的对手。正是因为有对手的存在，才使得我们时刻保持一种危机意识，一刻也不敢松懈，从而激发起我们潜在的斗志与激情。

在日本的北海道出产一种味道珍奇的鳗鱼，海边的许多渔民都以捕捞鳗鱼为生。但是鳗鱼的生命非常脆弱，只要离开深海区，不到半天就会全部死亡。大多数的渔民捕捞的鳗鱼回港后都是死的，但只有一位老渔民例外，他捕捞的鳗鱼回港后仍然是活蹦乱跳的。在生鲜市场上，鲜活的鳗鱼价格要比死亡的鳗鱼贵出一倍多，因此，没过几年，老渔民一家就成为远近闻名的富翁，而周围同样以捕捞鳗鱼为生的渔民却只能维持基本的温饱。老渔民在临终之际，把捕捞鲜活鳗鱼的秘诀传授给了儿子。原来，老渔民深谙"善待对手"的原理，他使鳗鱼不死的秘诀就是在整舱的鳗鱼中，放进几条叫狗鱼的杂鱼。鳗鱼跟狗鱼非但不是同类，还是出了名的死对头。几条势单力薄的狗鱼在面对整舱的鳗鱼时，会异常紧张，以致在鳗鱼堆里四处乱窜，这样一来，反倒把整舱死气沉沉的鳗鱼全给激活了。

鳗鱼正是因为有了狗鱼这样的对手，才能够长久地保持生命的活力；我们也正是因为有了各种各样的对手，才会有危机感，有竞争意识，有上进心，有动力与激情，我们才会不断地发愤图强，锐意进取。所以，我们都应该感谢自己的对手，并善待自己的对手。正是有了他们的存在，我们才会是一条永远活蹦乱跳的"鳗鱼"。

一方面对手之间需要竞争，互争长短；另一方面对手之间又存在相互依存的关系。比如，非洲草原上的鹿群，因为其世代处于狼群的威胁之下，所以很擅长奔跑，健壮无比。人们为了保护鹿群，人为地将狼群赶离了大草原。但让人们始料不及的是，鹿群从此变得十分地懒散，无忧无虑的生活使得它们的身体机能日渐退化。对于我们人类来讲也是一样，一旦没有了对手，就会变得懈怠、懒散，我们也就不会有任何进步。所以，大凡成功的人士，不但会很理智地直面自己的对手，还会善待自己的对手，甚至是在某些时候为自己制造对手。

子贡曾经问孔子："有一言而可以终生行之者乎？"孔子回答："其恕乎。己所不欲，勿施于人。"这里所说的"人"不单单指我们的亲人、朋友，还应该包括我们的对手。孔子讲的"恕"是指凡事要替别人着想，自己不愿意做的事情就不要强加在别人身上。对于我们的对手也是如此。多从对方角度考虑问题，多体谅别人，这样不仅能够赢得对手的尊重，还可以给彼此留下进退的余地。不论是之于对手还是对于我们自己，这都是一种大度与宽容的表现，对双方来说就不会是谁赢谁输的问题，而是谁赢多谁赢少的问题了。双赢的局面，何乐而不为呢？

春秋时期，魏国与楚国本来是呈水火不相容之势，分别在交界处设界亭，亭卒们也在彼此的地界内种植瓜果。魏国的亭卒们十分勤劳，拣苗、除草、浇水、杀虫等工作做得十分到位，瓜苗的长势很好；反观楚国的亭卒们，则十分懒惰，什么工作也不愿意做，只任由瓜苗自由生长，瓜苗又干又黄，还死了很多。楚国的亭卒们看见魏国的瓜苗长势极好，再看自己种的瓜苗简直不能跟人家的相比，又愤又恨。于是在一天夜里，偷偷地把魏国的秧苗给掐断了。

第二天，魏国的亭卒们发现自己的秧苗都被掐断了，气愤难平，就将此事报告给魏国边县的县令宋就，还说也要把楚国的秧苗给扯断。宋就却说："这样做是很卑鄙的！我们明明很气愤他们扯断我们的秧苗，那我们为什么还要去扯断别人的秧苗呢？别人不对，我们再跟着学习不对的做法，那对我们来说又有什么益处呢？"宋就还让亭卒们在晚上偷偷地去给楚国的瓜苗浇水。楚国的亭卒们在观察一段时间之后，知道是魏国的亭卒在晚上帮自己照料秧苗，就将此事报告给了楚国边县的县令。楚国边县的县令听完报告之后，觉得既羞愧又敬佩，于是把此事上报给了楚王。楚王感叹魏国人民睦邻友好的诚意，就备重礼送与魏王，这既是自责，也是酬谢，还是示好。此后，两国由敌对的双方变成了友好的邻居。

宋就无疑深谙对待敌手的智慧，正是因为他懂得"己所不欲，勿施于人"的道理，懂得善待自己的对手，才能既彰显了自己重大局、讲信义的肚量，还使得两国化干戈为玉帛，也为自己的国家免除了战争的灾难。

善待对手意味着善待自己。即使是对手之间，也有可以互相学习的地方。以平常心看待对手，将对手的长处学为己用，以提升自己，取得进步；将对手的短处引以为戒，避免自己也犯同样的错误。将对手当做自己前进道路上的一面镜子，扬长避短，在竞争中自立、自强、自省，以加速自己的成长、成才、成功。

善待对手就需要珍惜对手。人生之路上，能够成为对手，是一种缘分，也是一种福分，我们都应该珍惜这种缘分，珍视这种福分。珍惜对手，才能够看到对手身上的"光环"，自己也才会走出与对手敌对的心态，转而拥有一个良好的心态，克服自己的不良情绪；才能在成功之路上走得更稳，更久。

处世箴言

没有对手的人生，总会因少了一些激情的火花而过于平淡。因为有对手，才会有竞争，我们的人生才会更有意义，才会更加精彩。善待我们的对手，不是在向对手示弱，而是在善待自己。善待对手不仅是一种大度，更是一种风度。

第 *6* 章

Chapter Six

因为年轻，更要从低处做起

因为年轻，所以气盛。如果只顾高昂着头走路，就会看不清脚下的路，摔跟头也在所难免。只有看清脚下的路，从低处开始，才可以看清这个世界，才能取得进步，到达成功的最高峰。要记住，只有低得下头，才能抬得起头。

低处做起，进步更快，坐得更稳

美国心理学家弗劳德说："一棵树要想开花结果，就要根植在肥沃的土壤之中。一个人要想成就自己的事业，就应该站稳自己的脚跟，靠自己的力量而不是别人的垂青，也不要期待什么好运的降临。只有这样，我们才可以接受生活的磨炼。"只有从低处踏踏实实地做起，才有可能到达最高处。

运气，是我们的一生之中可遇而不可求的东西。没有谁可以不经任何磨难地一步登天，任何人都是一步一步地从低处走来。万丈高楼平地起，再高的大楼也是要从平地修建起来的，没有地基只能是空谈；空中楼阁尽管美丽，但给人的感觉总是不够稳固。我们可能得不到上苍恩赐的运气，那么要想拥有自己的财富、地位，就只能通过自身的奋斗与努力，一点一滴地积累。

在这样一个熙熙攘攘的世界，人人都在渴望成功、追求成功，都在向着成功的高峰不断攀登，但是能够成功到达人生巅峰的人，总是少之又少。很多人不得不在看似平凡的工作岗位上日复一日地努力拼搏，不得不为了日常生活中的点点滴滴与别人斤斤计较，他们满嘴抱怨、满腹牢骚，感叹着命运的不公平，感叹着自己的不得志。其实，成功并不是一蹴而就的，成功是一个从低处到高处的过程。只有在低处的时候努力拼搏、点滴积累，才会有到达高处的希望。

在世界登山运动史上，梅斯纳尔被称为登山"皇帝"，他创造了前无古人的壮举——登上了14座8000米以上的高峰。更值得一提的是，他是唯一一个真正单人、不携带任何氧气设备、在季风后期攀登上珠穆朗玛峰峰顶的人。据医生测试之后证明，梅斯纳尔的身体机能并没有任何超于常人之处，那么，他成功的秘诀是什么呢？梅斯纳尔自己说，成功的秘诀就是：从低处开始。

原来，大多数的登山运动员在选定目标之后，都会选择乘直升机抵达山前的最后一个小镇，由此开始征途。而梅斯纳尔却恰恰相反，他坚持徒步走到大本营，从低海拔处就开始调节身体，用呼吸节奏的改变来应对空气密度的降低。正因如此，他才能创造属于自己的登山界的奇迹，成为登山界的翘楚。

千里之行，始于足下。梅斯纳尔之所以能够成功，就在于他能够从起点开始，从低处一点一滴积累，认真地走下去。古人云："不积跬步，无以至千里；不积小流，无以成江海。"任何伟大的理想、伟大的事业要想得以实现，都必须从小处开始，从低处开始。

当我们身处低处的时候，不必怨天尤人，也不要自怨自艾，应该保持一份坦然的心态；当我们身处低处的时候，应该脚踏实地，勤勤恳恳，努力拼搏，为自己积累资本，唯有如此，才有可能乘风破浪、鹰击长空，最终实现"一览众山小"的夙愿。我们应该明白，"低处"并不是我们永远的位置。只有在低处的时候，认真地充实自己、完善自我，才会最终培养出站在高处俯视万物的气魄。

在我们的内心，总会有"一朝成名天下知"的豪情壮志，也有着成为众人瞩目焦点的愿望。但是，我们应该明白，没有人可以一步登天。大海是宽阔的，是因为有江河湖海的水在源源不断地注入，是因为海的位置总是最低的。因为在低处，才懂得接受；因为接受，才会不断地充实。低处，是人生的考验，是成功的希望所在。

古今中外，那些可以称得上"成功"的人士，他们并不是生来就比别人优越，恰恰相反，他们的起点可能比别人更低，他们比别人付出的努力更多。也正是因为他们的更加努力，才让我们看到，从低处起步并最终获得成功的人，他们身上的光芒是如此地耀眼、夺目。

著名的影视巨星成龙，想必大家都耳熟能详，他是为数不多地进入好莱坞的华人明星。不管是事业方面，还是做人方面，成龙无疑可以称得上是成功人士了。但是，成龙并不是天生就比别人幸运，他也只是出生在一个普通的家庭，父亲是厨师。成龙在进入演艺圈之前，曾每天大清早五点钟就起床练功，练至晚上十二点才可以休息。跟师傅练武的时候，还做过一段时间的武师。后来才慢慢地踏入娱乐圈，起初也只是做一些明星的替身，或是跑龙套。做替身的时候，整部戏下来，连脸都不允许露；即使是跑龙套，他也只被允许在人群中晃过去，最多也就几秒钟。

当武师、做替身、跑龙套，出卖的是劳力，虽出生入死却地位卑微，待遇也是极差。但是，成龙并没有抱怨过，他依然卖力地演出，即使不会在银幕上露脸。一直到1975年新天地公司成立，成龙这块发光的金子才被人们发现，虽然也会安排他拍一两部戏，但是票房却很惨淡。对此，成龙没有抱怨过命运的不公，也没有想过放弃，只是努

力再努力。终于，皇天不负有心人，一部《醉拳》让人们认识了这个形象一般却异常努力的小伙子。《醉拳》的走红，以及接下来的几部戏，让"成龙"这个名字变得家喻户晓。

刚刚毕业的年轻人，对于从低处开始往往不以为然，在他们看来，只有比别人的起点高，未来才会比别人的成就大。所以在就业的过程中，总是将眼光定得很高，那些不起眼的工作、卑微的工作往往被他们视如弃履，不屑一顾。殊不知，正是这些卑微的、不起眼的工作，才更能磨炼人的意志，增强人的韧性。

日本一家著名商社的董事长——家田惠子刚进入社会的第一份工作就是在一家酒店刷马桶。起初，她也想过退却，但是又不甘心。在一位前辈的鼓励下，她坚持了下来。而且在刷马桶的过程中，她的敬业精神以及工作毅力一步一步得到了提高与强化。在她迈好人生第一步之后，她踏上了成功的道路，开始走向了人生的巅峰。

如果你的工作是卑微的，是不起眼的，如果你也处于人生的低处，不妨想想成龙大哥，想想家田惠子，想想梅斯纳尔。他们向我们证实了：人生都是由低处开始的，在迈出坚实的第一步之后，只有不断地充实自己，不断地完善自己，才能一步一步地走向人生的成功，一步一步地攀登上人生的巅峰之处。

低处不是终点，它是成功的起点；低处不是终结，它是黎明之前最黑暗的时刻，孕育着希望。要想见到光明，就必须经历之前的黑暗；要想到达最高处，就必须从最低处开始。

从低处开始，也许会让我们有一时的不适应，但是会让我们把根基扎得更稳，如此我们才可能有更好的发展。假如一开始就身处高位，那么就容易不思进取，其结果很可能是碌碌无为、默默一生。

人往高处走，水往低处流；但是高处不胜寒，低处却可海纳百川。在生活当中，我们都应该既有水往低处流的胸襟气度，又有人往高处走的志气。只有不甘于低处，立足低处又能够心存高远，才能走上成功之路，才能最终站在成功的巅峰傲视群雄。

处世箴言

处在人生的低处的时候，也许会让我们有一时的不适应，但是只要我们拥有一颗进取的心，扎稳根基，脚踏实地，就一定会寻求到好的发展，踏上成功的道路。只有立足低处，才会进步更快，才能坐得更稳，成功之后也更加耀眼。

甩掉清高，随"俗"才能入"乡"

清者，无色、洁净也；高者，高处不胜寒也。清高，是一朵昂起头的玫瑰，用所谓的纯洁来当外衣，去掩饰内心的空虚。清高的人，往往是那些自认为高人一等、自认为自身洁净的人，他们通常会被人孤立，无法融进大众的圈子。放下清高的架子，要"看得到"别人，才能融入别人的圈子。

清高，既是一种人生的境界，又是一种傲人的气质；清高，既是一种处世修养，又是一种人生理念。真正的清高，是一种节操。但是，纵观古今，又有几人能够真正地具有清高之资呢？

在漫长的封建社会历史长河中，"清高"曾经是一个褒义词，清高的人也往往会受到人们的尊重与敬佩。大凡古时候的知识分子、隐士，都易于标榜"清高"，主要表现在轻名利、轻权势。比如，陶渊明，毅然决然"辞官归田园"；诸葛亮，隐居隆中数载。其实，仔细分析看来，他们之所以自命清高或是崇尚清高，其实也是出于不得已。因为他们生活清苦或者仕途不得志，在相对贫困的生活中必须有所寄托，所以也只能以清高来聊表自慰。但陶渊明两度为仕，正是因为生活过于困苦，熬不下去了，他才会放下清高，为官也是为了养活自己。诸葛亮在刘备三顾茅庐之后选择放下清高出山，正是因为放不下自己的目标与理想。他们为了自己追求的东西，尚且能放下"清高"，走入凡尘，更何况我们这些凡夫俗子？

再看现在，"清高"一路走来，已经由原来的遗世独立，逐渐变得世俗化了。从古代的"不食周粟"到现在的"拒绝联合国救济面粉"，从古时候的"辞官归隐"到如今的"下海捞金"，中国古代的"清高"尺度已经不适应这个物欲横流的现实社会了。

古语有云："木秀于林，风必摧之；堆出于岸，流必湍之；行高于人，众必非之。"大意是说，太过出头的人必然会受到其他人的孤立与排挤，也就是所谓的"枪打出头鸟"。从心理研究的角度来看，任何群体都会有维持其群体一致性的特点。如果有偏离群体的个体出现，群体会自发地对其产生厌恶或拒绝；而只有跟群体步调保持一致的成员，才会受到群体的接受和优待。

二十几岁的年轻人，刚刚踏入社会不久，基本上都会有一个默默无闻、不被人看重的时期，此时不宜过于急躁地表现自己，不宜自命不凡，不妨将自己的经济利益或事业野心暂时降低一些，脚踏实地，一步一步地把自己表露在大众面前。

一位留美计算机博士学成后进入一家计算机公司，他顶着博士的头衔，认为自己跟别人总不是一个层次的，自己总是高人一等，在日常的工作中也习惯对别人指手画脚。对于经理交代的工作，如果是没有挑战性的，他完全不屑于做，总认为这是对自己的大材小用。有一次，他在经过楼梯拐角的时候，无意中听到了同事的对话："张进（他的名字）有什么了不起的，不就是留美回来的吗，你看他那副整天从鼻孔看人的样子，真是的！"另一个声音紧随其后："就是啊，他有什么值得骄傲的，做出个清高的样子，给谁看啊！你没觉得经理最近的脸色很不好吗，就是因为他……"声音越来越远，张进却傻在一旁。第二天，张进就向经理递交了辞职书。

张进在家反省了一个礼拜之后，再次走出自己的小屋，去寻找下一份工作。不过这次，他学乖了，他收起了自己所有的学历证明，决定以"最低的身份"去求职。很快他就被一家公司录用为程序输入员，这对他来说才真的是大材小用，但是他这次既没有抱怨也没有对经理的安排提出异议，而是很认真地投入到自己的工作当中，而且还以谦虚却不卑微的态度与新同事相处。不久，老板发现他能看出程序当中的错误，能力绝非是一般的程序输入员所拥有的，这时他亮出了自己的学士证，老板于是给他安排了适合大学毕业生的工作。再过不久，老板发现他能时常提出一些独到的见解，远比那些一般的大学生要强，这时他又亮出了自己的硕士证。又过了不久，老板又发现他的能力是硕士所不能及的，他这才亮出了自己的博士证。这时的老板已经对他有了全面的了解与认可，毫不犹豫地将他提拔到部门经理的位置，与此同时，张进与公司同事也相处得十分融洽。

在我们的身边有这样一些年轻人，他们在工作上事事争先，勇于表现，却受到他人的排斥与疏远。其实问题很简单，就在于这些人的格格不入。我们经常会听到别人说："我不喜欢跟某某在一起，他太爱招摇了。""我不喜欢与某某玩，他太俗了。"其实抱持这种想法的年轻人，在疏远某个人的同时，也会把自己隔离在大众的圈子之外，无法跟别人打成一片。

俗话说，入乡随俗。要想融入别人的圈子，跟别人友好相处，就应该弯下自己的腰身，甩掉自己的清高架子，在坚持做人原则的基础上，让自己变得"俗"一点，这样才能更快地"入乡"。

人生在世，没有谁的人生旅途会是一片坦途，总会有磕磕绊绊的时候，也总避免不了需要他人帮忙的时候。这就要求我们在平时的人际交往过程中，不可自命清高，自以为了不起，对周围的人总是持蔑视的态度，等等。这些都会妨碍你的人际交往，以致如果某一天你也需要别人帮忙的时候，别人就会对你避而远之。不管是在平时，还是在有求于人的时候，都应该放下清高的架子，这样才会得到别人的援助。

现今社会，在某些时候，"低"比"高"往往更适合生存，那就不妨甩掉清高，放低姿态，让自己更加随俗一点。放下清高，让自己俗一点，这并不是退缩，也不是卑微，而是更适宜生存的大智慧，是修身、入世的风度与修养，是成事所必不可少的法宝。

处世箴言

自命清高，只会把自己排拒在他人之外。你脱离开别人，也就等于你脱离开社会。我们在自己的人生之路上，都应该主动放下清高的架子，让自己变得"俗"一点，这样才能更好地融入他人，融入社会。

摆低身份不代表没有能力

俗话说： "智者善屈尊，愚人强出头。"从古至今，我们中华民族都保持着一种良好的人生哲学——低调做人，高调做事。在为人处世的道路上，越是把头抬得很高的人，就越不一定会是那个最后的胜利者。降低身份并不代表没有能力，相反，这是为了日后的成功积蓄力量，正所谓"厚积"才能"薄发"！

在我们的人生旅程中，每个人都有表现自己的欲望，都有展现自己能力的想法，但是并不应时时刻刻都将自己定位得比别人高一筹。只想俯视别人的人，到最后往往会是那个被踩在脚下的人。就像爬山，只有从最低处开始，最后登上顶峰才会有"一览众山小"的豪情与成就感。

摆低身份，并不是承认我们技不如人，也不是对别人卑躬屈膝；相反，摆低身份，是一种修养，是一种风度，更是一种为人赞誉的做人标准。人生在世，浮浮沉沉，纵然你有万丈豪情，也不能不可一世，目中无人。在我们的一生当中，总会遇到形形色色的人，总要迎接一次又一次的挑战，更多的时候，我们应该放低自己的身份。要知道，懂得摆低自己身份的人，才是有大智慧的人。

　　据说，秦始皇兵马俑博物馆的"镇馆之宝"是一尊跪射俑。秦始皇陵兵马俑距今已经有上千年的历史，在出土、清理和修复的过程中，有些兵马俑因年代久远而保存得不甚完整，只有这尊跪射俑是一千多尊各式各样的兵马俑之中保存最为完整的一尊。它从未经过人工的修复，仔细观察之下，就连俑身上的发丝以及衣服上的纹理都清晰可见。这尊跪射俑之所以可以保存得如此完好无损，关键就在于它的姿态——俑是跪着的。众所周知，兵马俑坑是一种地下通道式土木结构，而一旦棚顶崩塌、土木俱下的情况发生，首先被毁坏的就是那些高大的站姿俑，跪射俑的损害会相对减少很多。

　　因为低，跪射俑才更加地坚实，更加地稳固；因为低，也才会保存得更加完整。

　　初涉社会的年轻人，追求个性的张扬，追求率性而为，这不足为过，相反，还能体现年轻人应有的蓬勃朝气与充足的自信。但是，很多时候，我们会发现，张扬与高调并不能给我们带来成功。反而是那些内敛、低调的人在人情世故中能更加地游刃有余，更加地如鱼得水。

　　隋朝末年，隋炀帝的暴政使得全国各地民怨沸腾，各地农民起义风起云涌，而朝中的许多官员也纷纷倒戈，支持农民起义军。因此，隋炀帝对朝中的大臣，尤其是外藩重臣，心生芥蒂，胡乱猜疑。当时的唐国公李渊，多次担任中央和地方官，他十分地知人善任，每到一处都会悉心结交地方豪杰，并奉行"德政"。以至于李渊的声望日渐升高，很多人都归顺他。所谓功高震主、德高压人，李渊的义行与德举逐渐引起了隋炀帝的猜忌与怀疑。再加上隋炀帝身边有奸佞小人不断向隋炀帝进谗言，怂恿隋炀帝杀掉李渊。李渊在有所察觉之后，深知自己迟早为隋炀帝所不容，但如果此时起义，力量又不足以与隋炀帝相抗衡。于是，李渊就故意广纳贿赂，败坏自己的名声，整天沉迷于声色犬马之中，而且还毫不避讳地大肆宣扬。时间一长，隋炀帝看李渊也不过是这等贪婪之徒，不足以对自己的政权构成威胁，就逐渐放松了对李渊的警惕。而李渊也抓住隋炀帝对自己放松的机会，积蓄自己的力量，这才最终有了李渊太原起兵以及大唐盛世王朝的建立。

试想，如果当初李渊还是一如既往地高调做人、高调做事，继续收纳人心，那么他迟早有一天会被隋炀帝杀掉，又哪会有以后的成就呢？懂得摆低自己的身份，并不是示弱，并不是表明没有能力，而是善于将自己的力量化有形为无形，给自己一个"厚积"的过程，这样才会在以后的"薄发"中展现自己的实力。就像运动场上，运动健儿起跑的时候，都会蹲下，让自己放低一些，这样等发令枪响的那一刻，才会有更多的力量从自己的脚跟延伸到腿上，才会有第一步完美的起跑，也才会有最后终点冲刺的壮美。

我们在工作中也是一样，摆低自己的位置，并不是一件丢面子的事情，别人也不会认为你是在"作秀"。相反，只有摆低自己的位置，才能听到更多、学到更多，我们的能力也才会得到不断提升。

将自己的身份摆低一些，是一种勇气，更是一种风度。勇于将自己身份摆低的人，是知足的，对获得的成功也会更加地珍惜。富有的人，降低自己的身份，就会拒绝奢侈与自傲，就会降低别人的仇视心理，使自己的人际关系更加和谐；位高权重的人，降低自己的身份，就不会贪婪与专横，就会展现出自己的君子风度，就可以得到别人的尊敬与爱戴。

有一个才华横溢的年轻人，千里迢迢来到法门寺，他对住持释圆和尚说："我很久之前就想要学丹青，但是至今仍没有找到一位可以让我满意的老师。很多人都是沽名钓誉、徒有虚名，有些人的画技甚至还比不上我。"释圆和尚淡淡一笑，说："老衲虽然不懂丹青，但平时也颇爱收藏一些名家的精品。既然施主的画技并不比那些名家逊色，那就烦请施主为老衲留一幅墨宝吧，也算咱们相识有缘。"年轻人问："大师想画什么呢？"释圆说："老衲生平最大的嗜好就是品茗，尤其对那些造型古朴典雅的茶具颇为钟爱，施主可否为我画一幅茶杯与茶壶？"年轻人十分爽快地就答应了。

只见年轻人铺开宣纸，只用寥寥数笔就完成了一幅画作：一个倾斜的茶壶，一个造型典雅的茶杯，从壶嘴正缓缓流出一道茶水，注入茶杯中。年轻人洋洋自得："这幅画您看，还满意吗？"释圆微微一笑，摇了摇头："年轻人，你的画技是不错，甚至可以说已经达到了炉火纯青的地步了。但是，你这幅画却错了。"年轻人不懂，忙问："错了？哪里错了？"释圆指着画中的茶壶与茶杯，说道："茶壶与茶杯的位置颠倒了，应该是茶杯在上面，茶壶在下面。"年轻人听了，大笑："大师莫非糊涂了！哪有从茶杯往茶壶注水的？"释圆说："原来你明白这个道理啊！你就像是那个茶杯，你想往自己的杯子里注入那些丹青高手的香茗，却总是把自己放在比茶壶还要高的位置，香茗怎么能够注入你的杯子里呢？"年轻人这才恍然大悟。

涧谷把自己放到低位，才能得到一脉清泉。人只有把自己放低，摆低自己的身份，才能够广泛吸纳别人的智慧和经验，才能充实自己，才会有成功的可能。

勇于将自己摆在相对较低的位置，才能够让我们敞开胸怀，宽容他人，才能够让我们看到世界上更多美丽的风景。也只有那些勇于将自己摆在比别人低的位置的人，才有勇气对自己进行不断的否定，才能不断地吸取经验教训，才会让自己的成功之路更多一些坚实的基础。

　　我们的一生总会经历许多的风风雨雨，有些时候，摆低自己的身份实属无奈，有些时候却是为了自己能够得到更好的发展。跪射俑懂得摆低自己的身份，才得以保存得最为完整；李渊懂得摆低自己的身份，才得以逃过隋炀帝的猜忌，取得最后的胜利。在某些时候，我们更应该做那只茶杯，只有摆低自己的位置，才能够从茶壶中获取香茗。

处世箴言

　　"低"不是一种卑微，而应该是一种勇于自省、敢于自省的姿态。摆低自己的身份，不是要卑躬屈膝，不是要唯唯诺诺；摆低自己的身份，是自己在成功之路上的一种厚积薄发的姿态。勇于摆低自己，是勇者、也是智者之举。

放低姿态也要讲究方法

有时候，智慧的表现不是因为高智商，而在于低姿态。放低姿态，有时候是为了让自己与环境更好地融合在一起，有时候是为了保存自己的能量以走得更远，有时候是为了把不利的环境转化为有利的因素。总之，适时放低姿态可以帮助自己更好地走向成功，但放低姿态也要注意方式方法。

《老子》中讲："上善若水，水善利万物而不争，此乃谦下之德也；故江海所以能为百谷王者，以其善下之，则能为百谷王。"在老子看来，"上善"的人，就应该像水一样。水，造福万物，滋养万物，却从不与万物争高下，这才是最为谦虚的美德；而江海之所以能够成为一切河流的归宿，也是因为江海处在下游的位置，所以能够成为百谷王。世界上最为柔弱的东西莫过于水，然而它却能穿透最为坚硬的东西，所谓"水滴石穿"当如是。这便是"柔德"所在，这便是弱能胜强、柔能克刚。

老子认为，"水德"是接近于道的，而理想中的圣人则是道的体现者，因为他的言行类于水。"水德近于道"，其最合理的解读莫过于明末清初的教育家王夫之的解释："五行之体，水为最微。善居道者，为其微，不为其著；处众之后，而常德众之先。"水，滋润万物却无取于万物，它甘心放低姿态，停留在最低洼、最潮湿的地方。水的显著特性就是，以不争争，以无私私。

而"善之人"所应该具备的品格也应该像老子所说的"居，善地；心，善渊；与，善仁；言，善信；政，善治；事，善能；动，善时。夫唯不争，故无尤。"老子所列举的七个"善"字，都是来源于水的启发，并得出最后的结论：为人处世的要旨，即在于"不争"。换言之，宁处别人之所恶，也不去与人争利，所以别人也就不会有什么怨尤了。

我们在为人处世当中，也应该拥有像水一样的品格，一是柔，二是停留在卑下的地方，三是滋润万物而不争。我们都应该拥有这种心态与品格，不但做有利于众人的事情而不与之争，而且还愿意去众人不愿意去的地方，愿意做众人不愿意做的事情。在人生之路上，我们可以忍辱负重，可以任劳任怨，可以韬光养晦，做事之前想想"水德"，润万物而不争，处低处而容万物。

越王勾践，三年卧薪尝胆，最终"三千越甲可吞吴"；刘备日日种菜、浇菜，以为韬光养晦之计，最终得与三分天下；左思十年苦读，方著《三都赋》，一时洛阳纸贵，最终流传千古；诸如此类，等等。他们正是因为在自己人生的低谷之时，懂得收敛锋芒，放低自己的姿态，韬光养晦、积蓄力量，才有了写于历史上的不朽的篇章。

雨后的一天，一只麻雀从窗户飞了进来，它在屋里一圈又一圈地飞来飞去，却始终飞不出去。同事好心，将窗子开到最大，希望它能找到正确的方向飞出去。但是，显然地，它迷路了。即使把窗子打开，对麻雀来说也基本上是没有用处，因为它只在屋顶或窗户以上的高度来回盘旋，寻找出路。却不知道，只要低一点点，就可以找到打开的窗户，就可以找到出去的路。每次麻雀飞到距离窗户很近的地方的时候，我们都会屏息以待，期望它能够再低一点点，但是每次都是只差那么两三寸的高度，麻雀就会折返翅膀向着高处飞去。有人不忍看到麻雀的困境，提议将它捉住，然后再放出去，但是屋架太高，想要捉住一只小小的麻雀不是一件容易的事情，而且人们的举动只会激怒它，使它更加疯狂地横冲直撞，以致头破血流。所以，我们都放弃了，在叹息之余期待着它能飞得低一点点。只要再低一点，它就可以重新回到外面广阔的天空，重新获得自由。但是，可惜的是，这只麻雀最终也没有找到通往自由的窗口，它不停地在屋里盘旋，飞舞，直到耗尽所有的力气，筋疲力尽而死。

对于初入社会的年轻人来说，许多人有着初生牛犊不怕虎的激情与斗志，但也正是这种激情与斗志，使得他们往往不懂得收敛自己的锋芒，使得他们处处张扬个性、处处率意而为，以致经常碰壁、受挫。其实很多时候，我们都只顾高昂着头，却恰恰看不清楚前面的路，只要放低一点姿态，像水一样，虚心一点，忍耐一点，就没有跨不过去的坎，没有过不去的山。

放低姿态，是值得称赞的为人处世准则。放低姿态，既是一种修养，也是一种气度。但是，放低姿态不是提倡消极地隐藏自己，对任何事情都保持静默，而是要你学会不把自己的意见强加给对方；放低姿态，不是要你对别人卑躬屈膝、唯唯诺诺，也不是要你唯别人马首是瞻，而是要你懂得倾听，懂得发表自己的意见。

放低姿态，在态度上要低调。我们要明白，无论是在官场，还是在商场，甚至是在政治军事斗争中，低调永远是一种进可攻、退可守，看似平淡、实则高深的处世谋略。我们要懂得"大智若愚"的智慧，要明白平和待人留余地。在自己力量不是很充足时，要懂得让步；在时机未成熟时，要坚持住。我们都要懂得，以宽容之心待他人之过，勇于为自己的对手叫好。这些，都可以成为我们在处世过程中所必不可少的智慧与谋略。

放低姿态，在心态上要低调。我们都要记得，恃才傲物、目中无人是做人的一大忌。事业无成的时候，要保持上进心；功成名就的时候，更要保持平常心。当你取得一定成就的时候，你要懂得感谢他人，与他人分享你的成就，谦虚地接受来自各方审视的目光，平静地面对一切。要知道，谦逊是一个人终身受益的美德。懂得谦逊的人可以避免给别人以张扬的印象，以便更好地积蓄力量，成就自己。我们都要明白，良好的心态对于处于尘世中的人们来说，如同清泉一般，能够给人以清醒，给人以平静。放低姿态，在良好的心态的指引下，方可走出一条属于自己的成功之路。

放低姿态，在行为上要低调。懂得收敛锋芒，是一种智谋。太过张扬自己，就会经受更多的风吹雨打，其理就等同于"枪打出头鸟"。过分张扬，只会为自己招致更多的明枪暗箭。要谨记：才大不可气粗，居功不可自傲；要知道：盛名之下，其实难副；要明白：乐不可极，乐极生悲。在人生悲欢离合的起承转合中，不论何时，我们都应该让自己处于冷静的状态，谦逊做人、低调做人，懂得规避风口浪尖，这样方可成就自己。

放低姿态，在言辞上要低调。言为心声，要知道一个人的品德往往会通过一个人的语言表现出来。在日常的人际交往中，要时刻谨记：不要揭人疮疤，将对方的短处当做笑话高谈阔论，无疑会将你

们之间的关系推向无底深渊，也会让其他人认为你是个不负责任、轻易看低别人的人，这对你的人际交往有百害而无一利。要明白：得意而不忘形，功成名就的时候更加的谦卑，才更能赢得别人的尊敬。但是，"在言辞上低调"并不是要让我们不说话，得体的语言表达能够彰显个人魅力。

放低姿态，降低身份，不是鄙视自己，也不是压抑自己，而是让我们更加清醒地去认识自己；不是让我们低声下气，不是阿谀奉承，不是要我们失去做人的原则，而是以一颗更加诚挚的心去对待别人。让我们放低姿态，做一棵大雪压枝头的雪松，活出自己的韧性；让我们放低姿态，做一秆谦虚的稻谷，用饱满的谷穗来证明自己的实力。

处世箴言

俗话说："谦卑处世人常在。"让我们都拥有水一样的韧性，水一样的胸怀，勇于放低自己的姿态，在低处寻求厚积薄发的力量。我们都应该知道：低，不是自卑，也不是怯弱。正是因为有了低处的积蓄，才能有到达高处的辉煌。

对不起眼的人也要
谦恭有礼

人生而不同。人与人之间的境遇不会完全相同，在我们的周围，总会有在某方面不如自己的人，他们或许卑微，或许渺小，或许总是被我们忽视。越是不起眼的人，我们就越是要谦恭对待，因为我们需要的也许并不是他们的帮助，但要提防的却是他们可能的陷害。

在我们的周围，总会有一些成就、地位或名望不如自己的人，他们也许普通到不会引起我们的关注。但是，越是不起眼的小人物，我们就越是要谦恭以对，因为这些小人物虽然在平时很容易被大众忽略，但在关键的时刻往往会是他们在发挥出人意料的作用。也许你本身的成就已经让别人望尘莫及，也许你认为永远都不会需要这些小人物的帮助，然而你依然要对身边的小人物谦恭有礼、以诚相待，要知道：他们也许不会成就你，却可能败坏你。

所谓"小人物"，是指我们身边那些无权无势的一般人。我们周围不乏这样的人存在，也许我们本身就是这样的一个小人物。我们每个人都希望得到别人的尊重，如果受到别人的侮辱，便会激起心里小小的怨恨。我们都在期许，总有一天我们也会成为功成名就、声名显赫的人，并会为之努力拼搏。人生之事起起伏伏，风水轮流转，小人物也未必会当一辈子的小人物，他们也会有成为大人物的可能。所以，不论何时，我们都要善待自己身边的小人物，这既是为目前的自己积攒人气，也是为以后的自己留条后路。

在意大利，有一个叫布鲁诺的男孩，他就曾经遭遇过一件十分奇怪的事情。一次，他冒着雷雨去学校，刚到学校门口，就被雷电击中了。布鲁诺当时就失去了知觉，摔倒在地上。当人们发现他并将他送到医院时，医生检查之后发现：布鲁诺除了有休克现象与轻微的擦伤之外，身上并没有一点被雷电击中的痕迹。人们百思不得其解，医生也觉得很奇怪，都急于寻找答案。终于，人们在布鲁诺的脚底发现了一枚图钉。就是这一枚小小的图钉，将布鲁诺身上的电流导出体外，从而救了他的命。

一枚小小的图钉因为不起眼，而总是被人们忽视，但它是拯救布鲁诺生命的最关键因素。我们身边的一些人正如这小小的图钉，虽然不起眼，却能发挥重要的作用。

古往今来，那些有所作为的大人物都能深深体会到善待小人物的重要性。唐朝的政治家魏征提倡重视百姓，把君民关系比喻为舟与水的关系，"水能载舟，亦能覆舟"；毛主席也曾说过"兵民是胜利之本"，人民群众是真正的英雄，是历史的主人。离开群众、离开那些普普通通小人物的人，就像是离开大树的树叶，会失去其养分的来源，最终的结局不过是枯黄、衰败而死。

公元199年，曹操与袁绍之间爆发了争夺北方军权的官渡之战。在战争的过程中，曹操曾一度处于不利的地位，不仅军队的人数远远少于袁绍，而且一个更加严峻的问题摆在面前——军粮欠缺。眼看着就要弹尽粮绝了，情形十分危急。曹操屡次向留守许都（今河南许昌）的荀彧写信求救，可是并非荀彧不肯帮忙，实在是巧妇难为无米之炊，他拿不出粮食来支援，只能给曹操回信告诉他"坚持就是胜利"。曹操无奈，也只能每天看着荀彧的回信鼓舞自己。也许是曹操命不该绝，他终于等来了战争的转机。

原来袁绍手下有个叫许攸的谋士，经常为袁绍出谋划策。但是袁绍是个刚愎自用、唯我独尊的人，听不得别人的意见，尤其是许攸的主意又不合他的意，于是袁绍经常对许攸摆出一副爱答不理的态度。许攸觉得，自己的才干得不到施展，又经常受到主公的蔑视，便叛降了曹操。据说，许攸在投奔曹操的当日，曹操听闻许攸来访，竟顾不得穿衣服，赤脚出来相迎，对许攸十分尊重、礼遇。许攸感其诚，不仅向曹操提供了袁军乌巢粮仓的详细情况，还为曹操出谋划策，最终帮助曹操扭转了战场上的被动局面。

曹操能取得胜利，并不是偶然因素造成的，而在于他深谙用人之道。在官渡之战中，曹操的优势就在于他能够接纳良言、礼贤下士，善待身边的小人物，故袁绍的兵马再多也不足为惧。

《中庸》讲"君子以人治人"，即让我们不要忽略身边的小人物。小人物因其自身地位的卑微，总会有一种自卑的心理，而越是自卑的人就越是在乎所谓的"自尊"。在其他人看来只是一点微不足道的事情，在他们看来却是极大的不忿。我们身边的小人物也许不能帮到你什么，但在关键时刻却有可能成为你的掣肘之力。

有这样一则寓言：一只小蚂蚁到河边喝水的时候，脚下一滑掉进水里。小河的水流湍急，小蚂蚁大呼"救命"。这时，一只鸽子飞过，听见小蚂蚁的呼救，就衔来一片叶子丢进小河里。蚂蚁小心翼翼地爬上树叶，漂到岸边，得救了。蚂蚁想要报答鸽子的救命之恩，可是总等不到合适的机会。终于有一天，一个猎人到树林里打猎，正好瞄准了鸽子，鸽子的处境十分危险。小蚂蚁发现猎人的枪瞄准了鸽子，情急之下就爬上猎人的腿，狠狠地咬了一口，猎人又痛又痒，子弹打偏了，鸽子也逃过一劫。

小蚂蚁虽然藐小平凡，却在关键时刻拯救了鸽子的性命。人的一生中，许多事情的成败并不完全取决于自己的力量，往往是我们身边那些伟大或平凡的人对事态的发展起到了推动的作用。

卡耐基说过："批评如同家鸽一样，随时都会飞回来。"我们在受到不公平的待遇的时候，就会在心里期待，给自己不公平待遇的人，他日也会受到同样或者更甚的遭遇。世界上能真正做到胸怀比天空更广阔的人，毕竟只是少数，很多的人都会有自己小小的狭隘心胸。世事无常，人都会有处于低谷的时候，如果你不想此时招致无端的蔑视或落井下石，就应该在平时以诚待人，尤其是对待那些无足轻重的小人物。因为，也许今日他是卑微的小人物，但难保日后他不会成为决定你命运的大人物。

有这样的一则小故事：一位旅客无端地把给他搬运行李的工人骂得狗血淋头，围观的人也都为那名工人愤愤不平。他的同事问他："这又不是你的错，你为什么要这么忍耐？"这名工人淡淡地说："没关系，他不是要去北京吗，我让他的行李去南京。"虽说这名工人的做法不可取，但是从道理上来看，正是因为那位旅客对他的不尊重，也才激起了人本能的小小的报复心理。在那些声名显赫的人眼里，小人物往往是可以被忽略的。但是在小人物自己心里，他们也是自己的主宰，并没有理由受到别人的蔑视与侮辱。

人生之路就如行舟，起伏无常，没有人会甘愿处于社会的最底层，今日的他们或许卑微，但日后成为最耀眼的那颗星的人也许就是他们。因为他们知道身处卑微的辛酸，也会为改变自己的处境而付出比常人更多的努力。我们都应该记住，小人物不会永远卑微，他们蕴含的力量往往会是其他人所无法企及的；小人物的力量汇集到一起，也足以推翻任何一个大人物。

　　大人物可以是叱咤风云的世界名人，小人物可以是身怀一技的普通百姓。他们之间看似毫无关联，实则也可有着千丝万缕的联系。大人物的光芒十分耀眼，小人物的作用也不能忽视。我们都应该善待身边那些不起眼的小人物，也许会有预想不到的收获在等着我们。

处世箴言

　　任何人的能力都不会一时完全展现在人们面前，也许有一天，你一度忽视的不起眼的小人物会成为你关键时刻的掣肘之力。在我们日常的与人交往中，以诚待人、以礼待人是基本，对那些不起眼的小人物也应如此。善待小人物，日后必有大收获。

与前辈交往不可自命不凡

《诗经》有云："高山仰止，景行行止。虽不能至，心向往之。"汉代郑玄对此注解："古人有高德者则慕仰之，有明行者则而行之。"与尊长交往，得到尊长的提携与指点，是每个初出茅庐的年轻人都希望的。但是，怎样与尊长交往却是一门学问，我们都不能忽视。

我们每个人都有表现欲望，都希望得到别人的认可与尊重。在我们的周围，总是会有这样的一群人：他们天生才华横溢，他们拥有显赫的家庭条件，也正因此他们的眼里看不到别人，就像我们常说的"用鼻孔看人"。他们自恃自己的优势条件，通常自命不凡，有过于强烈的表现欲望，往往轻视别人，不屑与人交往。此外，还经常会有怀才不遇的感叹。

中国有句俗话说："满招损、谦受益。"虽然现代社会提倡每个人应有自己的个性，提倡适当表现自己，但是将自己的优势刻意地展现在众人面前，就多少会落个自命不凡、嚣张、爱表现的嫌疑。并且，自命不凡的人往往会在无形中伤害到别人的自尊心，招致别人的忌妒心理，从而为自己树立了一些隐形的敌人，对自己的人际交往甚至是以后的发展都是有百害而无一利的。尤其是在对待那些学术上有所成就，或者在某方面比自己有优势的人时，更要保持自己的谦虚态度，以礼相待。要知道，谦虚，是永远不过时的做人法则。

对于初涉职场的年轻人来说，对许多的人际交往法则还不是很了解，也因此有许多年轻人在与公司前辈的交往过程中，有时会觉得吃力，进而开始怀疑自己的能力。其实，在职场中，对于自己的前辈或上司、领导，要懂得收敛自己的锋芒，懂得藏锋显拙，这样才能在保全自身的同时从别人身上汲取经验，并维系好和谐的人际关系。

在职场中颇有成就的前辈或是上司看来，他们更喜欢那些才华横溢但能够保持低调的人。因为这些人不仅能够帮助他们完成工作，还能满足他们的领导欲。前辈也好，领导也好，他们能够配得上这个称呼，自是有他们努力的因素。人都有自己小小的虚荣心，渴望被别人尊重或推崇，是人的一种正常心理。年轻人的谦逊，恰恰可以满足前辈或领导的这种心理。而如果年轻人过于表现自己，凡事都超出这些前辈、上司的预期，那么他们就会感觉到这个年轻人已经成为他们地位的威胁，在之后的相处中必定也会困难重重。

小刘在学校的时候成绩很优秀，其他方面的能力也很强，毕业之后到一家企业做市场部的企划助理。进入公司后，在小刘看来，只有自己和几名新员工在脚踏实地地工作，其他的老员工不过是在敷衍工作。遇到工作中的难题，老员工会给小刘一些指点，但小刘认为这是这些老员工在倚老卖老地对自己的工作指手画脚。小刘总是在设想，如果自己是公司的领导，公司的某些规章制度应该怎样修改，公司的工作状态应该怎样改善，等等。

不可否认，小刘是一个很有才华也很有冲劲的年轻人，他的一些创意经常会出人意料，并得到公司领导的赏识，因此他就在工作之余进行更多的策划创意，希望公司领导能够发现他的才能，说不定还会有破格提升的机会。小刘曾说："在我极力表现自己的同时，我明显感觉到公司的老员工正承受着一定的压力，此后我的方案也经常得到主管的否定。"很快，小刘发现，自己周围的工作气氛变得很奇怪，他与同事之间的交流也明显减少。当他偶尔向别人请教问题时，也总会听到别人阴阳怪气的回答："你自己不是很懂吗？那么爱表现，还来问我干吗？"小刘为此很苦恼："难道我这样错了吗？"

年轻人有表现自己的欲望本无可厚非，但是经常在前辈、尊长面前表现自己，就会给别人留下自大、骄傲、爱炫耀的印象，对自己的人际关系会造成严重的影响。对待尊长，要谦虚，虽无须"张良拾履"，但也切忌自命不凡。

水往低处流，是大自然的趋势；人往高处走，是每个人期望自身成功的本能。在自己成人、成才、成功的道路上，得到已成功人士的指点与提携，借助别人的力量和智慧取得成功，也是一种途径。就像我们经常说的一句话："有电梯可以上楼，为什么非要一步一步爬楼梯上去呢？"与更高层次的人交往，得到他们的帮助，会大大缩短我们成功的里程。尊长、前辈的意见与建议，对于初出茅庐的后辈来说，是一笔无价的财富。与尊长、前辈交往，是一门学问，既要尊重他们，又不可落得阿谀奉承的嫌疑，这就要求我们在与尊长、前辈的交往过程中把握一个"度"，主要可从以下几个方面参考。

（1）态度自然，落落大方。尊长，无论是学识还是品行都有其过人之处；前辈，无论是经验还是阅历也都高于他人一筹。与他们交往，往往会让我们获益良多。我们向他们请教，向他们学习，表现出谦虚的态度，是必要的礼仪。但是，谦虚、谦恭都必须要有个"度"，如果没有分寸就可能适得其反。有些年轻人在与尊长、前辈交往的时候，总会有低人一等的感觉，他们往往唯唯诺诺、言听计从，完全没有自己的主见，以为这样就是对尊长、前辈的尊敬。其实不然，尊长、前辈也是我们自然交往的对象，我们一方面要尊重他们，另一方面也要立足自己，举手投足落落大方，不必过分拘谨。而且，有些前辈往往会更希望年轻人有自己的见解，这样相互探讨起来，才会有助于学术的进步。

（2）切忌吹捧，不卑不亢。年轻人与尊长、前辈相处，说些赞颂之言以表示自己的敬仰，是无可厚非的。但如果超出赞颂的界限，就未免会成为阿谀奉承、溜须拍马，令人反感。尊长、前辈大多是在某一领域有所成就的人，且为人往往比较谦逊。如果别人过分吹捧、无端抬高，就很容易引起他们的反感甚至厌恶。

（3）严谨有致，进退有度。与尊长、前辈交往，首先应该把握好双方的关系，给对方以相应的位置与空间，充分表达对他的尊重与恭敬。但是对于尊长、前辈必须严谨有致，进退有度，不可随意附和，也不宜随便进入他们的领域打扰他们的正常作息。

（4）巧托会配，不可狂妄。从交际规律来看，在我们与尊长、前辈的交往过程中，他们是主角，而我们是配角，因此我们就要适时地作为绿叶，来起到一定的陪衬作用。如果懂得这层利害关系，就可以既表现自己对尊长、前辈的认可与支持，还能恰到好处地展现自己的风度，有助于在尊长、前辈面前留下好的印象。

（5）主动真诚，距离适当。尊长、前辈的行为一般会与其身份相适应，他们通常不会主动与我们交往。而对我们来说，由于经验、学识、阅历等都不如他们，就更应该主动积极地先迈出一步，以真诚友好的姿态与之交往。某些尊长、前辈十分平易近人，一点架子都没有，但是不要忘了，尊长不摆架子，不代表他们与我们之间没有距离，因此还需有长幼有序、尊卑有别之分的。

当我们以一种新的姿态进入一个新的环境之后，面对尊长、前辈，我们都应该保持一种空杯心态、谦恭态度与之交往，而自命不凡是与之交往的大忌。我们也要明白，只有我们保持谦恭有礼的态度，将自己清空，才会从他们那里学到对自身发展有益的东西，才会为自己的成功之路铺砖添瓦。

处世箴言

敬重尊长、前辈，是年轻人在为人处世中必须遵守的法则。在与尊长、前辈的交往中，既要表现自己对他们的尊敬与诚意，又要注意交往的分寸。掌握好与尊长、前辈交往的学问，就会为自己的成功之路缩短里程。

第 7 章

Chapter Seven

灵活处世，不走极端

条条大路通罗马，一条路走到黑的人是愚蠢的。在人与人的相处中，为人处世要灵活、懂得变通，要避免走极端。宜刚宜柔，刚柔相济，才能使自己无往不胜、所向披靡；可方可圆，方圆相契，才能使自己进退自如、游刃有余。

刚柔并济，学会在各种环境中生存

《道德经》中有言："天下之至柔，驰骋天下之至坚，无有入无间。"水，是最为柔软的东西，它无为不止、顺势而流，却能够穿透坚硬的石头。水，是无形的，可以随外界的器皿改变自己的形状。在为人处世中，我们都要做到像水一样，以柔克刚，刚柔并济；还应该像水一样，改变自己，适应环境。

老子说："上善若水，水善利万物而不争。""天下柔弱莫过于水，而攻坚强者莫之能胜。"水，滋润万物而不争，性柔弱，在方为方，在圆为圆，顺势而流，无为不止，可谓柔之至。然而水亦可冲刷平原，决堤冲坝，无坚不摧，无所不至。水之"柔弱"所发挥出来的力量，在于"无为"。我们做人就应该效法水的精神，该刚则刚，宜柔则柔，刚柔相济，以柔和宽容之心待人，以水滴石穿之力对待生活中的困难。

刚，是做人之本，是一种自信与力量，是一种稳定，是原则性的体现；柔，乃处世之道，是一种和谐与变通，是一种方法，是灵活性的表现。正是因为有刚性，才有了人的坚韧不拔；也正是因为有柔性，才有了人的灵活处世。然而，在我们的为人处世中，刚与柔的尺度并不是很好把握的。我们都应该知道：虽无刚不立，然过刚易折；虽无柔不和，然过柔则靡。柔能克刚，刚而能柔，刚柔相济才是为人处世之道，才是人生的最高智慧。

山为刚，沉毅稳重，却可以变幻出各种各样的景色；水为柔，灵活多变，却可以斩关夺道、顺势而流。看山观水，山水相依，方可领悟到大自然的乐趣。李清照为柔，柔中带刚；苏东坡为刚，刚中存柔。刚柔相济，才使得宋词时而灵动、时而沉稳，以刚柔之道盘旋而上，最终达到与唐诗相映生辉的煊赫地位。

正如庄子在《山水》篇中讲到的：东海有一种名为"意怠"的鸟，这种鸟非常柔弱，总是挤在鸟群里苟生，飞行时它不敢飞在队伍的前面，也不敢落于队伍的后边；吃食时也不争先，只等其他的鸟吃完之后再觅残食。也因此，它既不会受到鸟群以外的伤害，也不致引起鸟群以内的排斥，终日怡然自得。人同此鸟，从"意怠"的身上，我们可以认识到，人不能只有"骨肉"，还应该有"血肉"，该争则争，该放则放，只有如此才可以让自己的人生充满乐趣与满足。

橡树生长在山顶，阳光雨露十分充足，因此不过几年便长得又高又壮、挺拔威武，树冠也亭亭如盖，亦可遮天蔽日、昂首苍穹。一日，忽然狂风大作，将耸立山顶的橡树连根拔起，一直抛到山脚的芦苇丛中。橡树看到完好无损的芦苇，大为不解："为什么我如此强壮，尚且受到如此伤害，而你这么柔弱，却毫发无伤？"芦苇告诉它："因为我没有你那样高大挺拔的身躯，所以在多年的风雨历练中练就了一个刚柔相济的身子，可直可弯，可顺势而倒，因此避免了狂风的伤害。"

纵观我们华夏文明几千年，朝代更迭，风流人物数不胜数，然而真正能够做到刚柔相济的却不过寥寥几人。战国时期蔺相如奉命出使，不畏强秦，最终完璧归赵，可谓威武不屈，然其让车于廉颇，深明大义，顾全大局，是刚柔相济之举；大教育家孔子一向提倡以仁立身、以仁治国，然在齐鲁两国会晤之时，面对齐国的挑衅，愤然还击，得以维护鲁君的尊严，这也是刚柔相济之举。刚是目的，柔乃手段，只有刚柔相济，才能实现真正的自立自强。

刚与柔就像是鸟的两只翅膀，缺一不可。只刚不柔，或只柔不刚，就注定不能进退有度。刚柔相济，大可用来治理天下，小可用来立身处世。中国的太极拳就是刚柔相济的最好典范，宜刚则刚，宜柔则柔，往往以最柔软的动作给人以无法还击之力度，也因此，太极拳才会长盛不衰。曾国藩就对此领悟颇深："做人的道理，刚柔互用，不可偏废。太柔就会委靡，太刚就会折断。但是，刚不是说要残暴严厉，而是强矫而已。趋事赴工，就得强矫；争名逐利，就得谦退。"也因此，曾国藩既能身居高位，又能全身而退。

刚柔相济，即要保持原则性与灵活性的高度统一。对于生活在现代社会的我们来说，只有练就芦苇一样刚柔相济的身姿，适应周边的环境，才能在为人处世中更加地游刃有余。就如一句俗话所说："如果你不能改变环境，就只有改变自己去适应环境。"

春秋时期，诸侯并起，风云变幻。晏子，作为齐国的重臣、外交家，对内屡谏齐王，辅佐国政；对外出使各国，捍卫国威。也正是因为晏子头脑机敏，能言善辩，勇义笃礼，才屡次将齐国从内忧外患的煎熬之中解救出来。晏子在出使别国的时候，就将刚柔并济的处世之道发挥得淋漓尽致，不仅始终坚持原则性，还富有灵活性，从而将一次又一次的出使任务圆满完成，捍卫了齐国的国威和地位。

晏子在第二次出使楚国的时候，楚灵王为了一报去年被晏子侮辱之仇，想出了一个计策。晏子到达楚国之后，楚灵王亲自招待晏子于酒宴之上。酒至半酣，忽见两名士兵压着一个被捆绑的男子从殿下经过，楚灵王故作生气："我这里有贵宾，你们这是干什么？"士兵回答："是齐国人，犯了偷盗之罪。"楚灵王意欲侮辱晏子："难道齐国人都喜欢偷盗吗？"晏子看穿了楚灵王的意图，对楚灵王深施一礼，说道："大王，橘生淮南则为橘，生于淮北则为枳。只是叶子相似而已，果实的味道却不同，殊不知是水土不同的缘故。现如今，齐国的百姓在齐国不偷不盗，到了楚国就做起了盗贼，该不会是楚国的水土使得人喜欢偷盗吧？"

晏子的一席话，让楚灵王目瞪口呆，无言以对。良久之后，只得讪讪道："果然和圣人是开不得玩笑的，寡人这样做实在是自讨没趣啊……"

晏子堪称是历史上杰出的外交家，他深谙刚柔并济之道，既能坚持自己的原则，又能够灵活应变，该柔时则柔，宜刚时则刚，面对大国的淫威与刁难，不卑不亢，刚柔并济，一次又一次将难题于无形之中化解，既捍卫了齐国的尊严，也为自己在诸侯国之间赢得了崇高的声誉。

诸葛亮在其兵法中有云："善将者，其刚不可折，其柔不可卷，故以弱制强，以柔克刚。纯柔纯弱，其势必削；纯刚纯强，其势必亡；可柔可刚，合道之常。"意思是说，善于做将领的人，他在刚强的时候不可摧折，在柔韧的时候也不可屈服，所以才能以弱制强，以柔克刚。不论是只有柔韧没有刚强，还是只有刚强没有柔韧，其战

斗力都会被削弱，甚至是丧失殆尽。只有当刚则刚，当柔则柔，刚柔并济，才是为帅之道，才能够称得上是上策，才是做人的最高智慧的体现。

孔子曾在年轻的时候去向老子请教，而老子不说话，只是张开嘴让孔子看，孔子心领神会：牙齿掉了，但舌头还在。硬的东西因其刚强而死亡，软的东西却因其柔软而存在。其实，柔亦是刚，刚亦是柔，一时的柔是为了以后的刚，亦柔亦刚，刚柔相济，方可在任何环境中游刃有余，对任何难题都能灵活应对。

世事多变，我们总会遇到各种纷繁复杂的环境，但不论是何种环境，我们都应该效法水的精神：该刚则刚，水滴石穿；宜柔则柔，顺势而为。我们只有把握刚柔之道，以刚为目的，以柔为手段，刚柔相济，才可以使自己在任何环境中都能生存得潇洒自如。

处世箴言

刚柔相济，是一门处世学问，也是一种人生哲学。我们都要知道无刚不立，无柔不和，也应该谨记过刚易折，过柔则靡。只有刚柔适度，刚柔相济，方可在为人处世中立于不败之地，任何环境都可无往而不胜。

不宜事事"打破沙锅"

老子有言："大智若愚，大巧若拙。"为人处世需要大智若愚，这是一种智慧，更是一种生存之道。真正有智慧的人最懂得适时装傻，凡事讲究适可而止，如果事事都要打破沙锅问到底，那么很容易引起别人的反感。我们都应该明白：追根究底，止于至善。

　　我国有句歇后语叫"打破沙锅——问到底"，好多人不明白，"打破沙锅"与"问到底"有什么联系，其实在这里，"问"是"纹"的谐音，当打破沙锅时，就会从锅边到锅底裂开一条纹，也就是"纹（问）到底"。在我们通俗的理解中，打破沙锅问到底，就是要追究事情的根底，弄清事情的来龙去脉。这种求知的精神，是值得我们提倡的，因为只有拥有"问到底"的求索精神，才会有科学的进步，也才会有整个人类的进步。

　　赫农王命金匠为自己做一顶纯金的王冠，做好后，国王疑心工匠在金冠中掺杂了银子。但是，这顶王冠与当初他交给金匠的纯金是一样的重量，到底金匠有没有掺杂呢？国王既想检验真假，又不想破坏王冠，于是陷入两难的境地。几经思索之后，国王将王冠交给了阿基米德。阿基米德日夜苦思冥想，想了好多办法都不奏效。有一天，阿基米德去澡堂洗澡，他一边思索如何测出金冠的纯度，一边坐进澡盆里。当他看到溢出澡盆的水时，忽然茅塞顿开，于是跳出澡盆，连衣服都顾不得穿就奔向王宫。原来他想到，把王冠放进满满一缸水中，如果排出的水的重量不等于同等重量金子排出的水量，那么就肯定是掺杂了别的金属了。这就是著名的浮力定律，也被命名为阿基米德定律。

试想，如果不是阿基米德对于科学的探索精神，如果不是他在任何情况下都坚持打破沙锅问到底，那么也许今日就不会有此著名的阿基米德定律了。

人类社会的发展，既是一个循序渐进的过程，又是一个从混沌走向清晰的过程。在这个过程中，凡事斤斤计较、追求因果关系成为许多人的一种心理需求或是心理状态。但是，我们也发现，在某些时候，有些事情无须弄得太清楚明白，雾里看花才是最好的效果。正如艺术审美当中的"空灵"，由模糊与朦胧产生独特的审美效果。

在我们的周围，总会有这样那样的问题围绕着我们，需要我们去弄清楚、弄明白，此时，我们都需要有求知的精神。在遇到问题的时候，多问一句"为什么"，总是会有好处的，这既表现了自己虚心的态度，又体现了自己的求知欲望。但是，凡事都应有一个度，超过这个"度"就会显得太过严苛或是有些做作，过犹不及，正是如此。比如，对于一些芝麻大点的事情，就没有必要追究得很仔细；又如，连一些科学家、学术家们都没办法弄明白的问题，如果我们过于追根溯源，只是白白为自己增添烦恼而已。

古往今来，人们对于"先有鸡还是先有蛋"的问题，一直没有一个确切的答案。鸡生蛋，蛋孵小鸡，如此循环往复，本就无源可究。

若非要就这种问题要一个答案的话，未免会落得庸人自扰，也会引起别人的反感。

在现实生活当中，总是会有这样的一群人，他们常常自以为是，总认为自己明白的道理别人不一定知道，于是为了显示自己的"博学多识"，非要把别人问得理屈词穷、哑口无言之后，再享受自己为之"解答"的乐趣。还有一种人，他们对于事物的看法往往讲究特立独行、标新立异，对任何东西都要从不同的角度追根究底，这往往也会引起别人的反感甚至厌恶。

有一个年轻人，凡事都喜欢打破沙锅问到底，如果不把事情刨根问底，得不到他想要的答案，整个人都会不舒服。从小学一直到大学毕业，他留给同学、老师的印象都是"爱问"。人生有涯，而知识无涯，能够对学问保持不断探索的态度，诚然是不错的。但是错就错在，他忽略了凡事都应该有个度，跨过这个度，就有可能得不到自己想要的回答，甚至会适得其反。

他大学毕业后进入到一家企业工作，由于平日工作繁忙，跟学校的同学有些疏于联系。直到同学聚会的时候，他才知道自己曾经的同桌已经结婚又离婚了。他们本是关系不错的朋友，他想：朋友刚离婚，心情肯定不好，自己等下说话一定要注意分寸。开始，同学之间的气氛还不错，但不知道是谁，就把话题扯到了结婚、离婚上面。他的心里开始觉得有点痒痒的，从小养成的"习惯"开始微微抬头了。他很想问朋友为什么离婚，但是又觉得不妥。在几经考虑之后，他还是问出了口："你为什么会离婚啊？"朋友淡淡一笑，知道同学也是关心自己的近况，但是这种问题也不好细说，就以一句"性格不合"将问题掩盖过去了。谁知道，这个年轻人接着又抛来一个又一个问题："为什么会性格不合呢？开始的时候没发现你们性格不合吗？"

朋友的脸色已经很明显有些阴沉了，但是他还是在喋喋不休地追问"为什么"。其他同学看气氛不对，就赶在那位朋友发火之前将他拉走了。

事后这个年轻人也曾反省过自己，不该问这么多敏感的问题，但是自己骨子里的那种想知道答案的欲望实在是太强烈了。结果是必然的，他的人际关系并不是很好，因为其他人在跟他相处一段时间之后，都被他这种刨根究底的"精神"和"不达目的誓不罢休"的毅力"吓"到了，所以大家都对他退避三舍，保持安全距离。

其实，并不是任何事情都要有一个答案才罢休，做人也不必太过精明，不必凡事都要求清清楚楚、明明白白。我们应该明白，"精明日子糊涂过"才是为人处世之哲学。在我们的一生中，要经历的事情实在太多太多，如果每一件事都要认真盘算，每一件事都要追根究底，事无巨细势必会使自己筋疲力尽。看待这个世界，留一半清醒，留一半醉，既能将日子过得快乐无忧，又不至于错过人生的真谛。

糊涂，是一种做人的心态，也是一种做人的智慧。只要我们在大事上清楚，那么小事上偶尔糊涂一回又有何妨？我们不是哲学家，也不是科学家，没有必要将每件事情都当做一种研究来进行。生活中的事，追根究底，止于至善，就可以了。如果继续追问就有可能涉及别人的隐私，或是闯入别人内心本不欲他人踏足的地方，这样对别人是一种伤害，也不利于自己人际关系的建立与维持。

人生本就复杂，如果事事都要追根溯源，那岂不是十分辛苦？对自己也好，对别人也罢，某些时候糊涂一点，不要太过计较，又何尝不是一种宽己容人的修养呢？三分流水两分尘，做人不必太精明。我们总在说有些人懂得生活，是因为他们"够聪明"，他们深谙生活的智慧——他们不囿于生活中的一些鸡毛蒜皮的小事无法自拔，而是心胸开阔，为人豁达。

　　一个人要想成就自己的事业，就离不开人际关系，而要想在人际交往中游刃有余，就要明白，该糊涂的时候要糊涂，该聪明的时候才聪明，不要事事追根究底，小事不计较，大事不糊涂，才是为人处世当中的大智谋、大智慧。

处世箴言

　　求知，是人类进步的必要元素，但要注意把握一个度。凡事都要求一个结果，凡事都要打破沙锅问到底，在某些时候就会适得其反。人生在世，难得糊涂！"糊涂"之后才会清醒，清醒之后才会有所得。要记住：追根究底，止于至善。

适当示弱，窘境不愁没人帮

我国知名礼仪与公共关系专家金正昆教授曾说过："人，要善于示弱。智者示弱，愚者逞强。"不错，我们谁都不是超人，都会有需要别人帮助的时候，懂得适时示弱是一种智慧。适当示弱，既可以拉近人们心灵上的距离，也可得到别人的帮助。

我们生活的社会是一个大集体，每个人都不可避免地要与周围的人打交道，谁都不可能脱离集体、脱离社会而孤独存在。即使是勇猛如乔丹，没有中锋、后卫等其他同伴的帮助，他自己也很难完成一场精彩的比赛。所以，我们谁都不能离开别人的帮助。

孔子说过："独学而无友，则孤陋而寡闻。"即便是再优秀的人，也会有需要别人帮助的一天。在自己遇到困难的时候，适当地对别人示弱，既可以赢得别人心理上的认同，也可以帮助自己很好地解决困难。既然不是超人，偶尔向别人寻求帮助，让自己的担子轻一些，又何乐而不为呢？

在现代社会，我们往往追求个性与独立，讲究自强，也往往会以"毫不示弱"来形容一个人的勇敢。但是我们都忽略了，处处争强好胜的人，即使能得一时之利，也很难坚持成为最终的成功者。倒是那些懂得适时示弱的人，懂得寻求别人的帮助，理智地借助别人的力量来解决自己的困境，往往能坚持到达终点，赢得最后的胜利。

曾经有这么一部科教片，讲述蜥蜴是恐龙的同类，但历经千年的时间，恐龙灭绝了，而蜥蜴却存活了下来。究其原因，一个很重要的因素，就是恐龙的体积过于庞大，既不便于保护自己，又需要摄取太多的能量；而蜥蜴则小巧灵活，懂得示弱，懂得隐藏和保护自己，所以才得以存活到现在。

人生一世，草木一秋，人来这世上走一遭也不过短短数十年，既有得意时的荣华，又有失意时的枯枝，不管怎样，我们都应该善待自己。善待自己，就是要善待自己的身心，善待自己的生活，善待自己的一切。善待自己，就不要事事逞强，就要懂得适当示弱。我们都不是完人，也许在某一方面或某一领域，你有着超乎常人的表现，可以有所作为，但未必在各个方面或各个领域都能超过别人。强与弱总是相对存在的，理性能力很强的人，未必拥有很好的感性思维。

我们都是凡夫俗子，任何事都要自己经历过才能得到成长与历练。但是，如果非要事事逞强，凡事都要一肩扛起，那么长年累月，没完没了的重担终会将你压得喘不过气来，你也终究会受不了、顶不住。

在困难的时候，在自己扛不住的时候，转一转头，不要吝啬自己的语言，向别人问一句："你可以帮我吗？"只是一句简单的话，其作用却是无法言喻的，它不仅能帮助你解决困难，还可能让你结交到一个真心的朋友。要知道，一个朋友的力量远远强过一个陌生人，下次，下下次，他或他们在你需要的时候依然会对你伸出援手。只是一句话，只是稍微地表现自己的弱势，就能为自己带来如此大的收获，为什么不试着去做呢?

　　小雯是一家报社的记者,要到一个偏僻的农村采访一位孤寡老人,但是恰巧车子抛锚了。她的朋友平平说,可以送她过去,反正自己也没什么事。但是,小雯一向都是比较强势的人,不愿意麻烦朋友,就拒绝了,结果自己打车去的农村。挂电话的那一刹那,小雯其实听出了平平的失望,但她一贯养成的强势作风又不容许她再回头向别人寻求帮助。而平平呢,平时就十分乐于助人,在她看来,能够在别人需要的时候给予援手,是一件很快乐的事情。但小雯的拒绝让她觉得很失望,从那天之后,两人的关系比平时冷淡了许多。

　　直到有一天,平平接到小雯的电话:"我要到云南出差几天,但是我的贝贝(小雯的宠物狗)没人照看,能麻烦你帮我照顾几天吗?"平平爽快地答应了,小雯也感到松了一口气,她们失去的友情又回来了。

　　其实,从小雯的身上,我们可以看到,即使是再强势的人,也会有需要别人帮助的一面。如果你想让别人成为你的朋友,就请他帮你一个忙吧!适当地示弱,向别人求助,可以让别人感到自己是被需要的,是重要的,也是对别人自身价值的肯定。而通常情况下,他在被肯定的同时,也会尽心尽力地去帮助你,这也是对彼此之间友谊的一种升华。

　　懂得适当示弱是人生的一种智慧。一时的示弱并不代表懦弱,一贯的逞强也并不表示坚强;盲目的逞强是匹夫之勇,是莽撞的表现,偶尔的示弱也并非胆怯，而是大度的表现。大凡那些能成大事者，往往不拘小节，不计较一时的得与失，这才是真正的智者之举。

不可避免地，人都会有小小的忌妒心理，那些事业有成人士、生活中的幸运儿，人们在羡慕他们的同时，都会在内心产生自己小小的忌妒。而如果这些成功人士懂得适当示弱，就可有助于消除人们这种忌妒心理。要知道，锋芒毕露容易遭人忌恨，而适当示弱就可以使对方放下心中的芥蒂，由忌恨转变为同情，他们伸出的援手也会真诚许多。适当的示弱，不仅可以增强你的亲和力，拉近人们心灵上的距离，还有可能化敌为友。

对于我们大多数人来说，总是习惯在别人面前表现自己坚强的一面，而掩饰自己脆弱的一面。在这些人看来，示弱就等于将自己的弱点暴露在别人面前，对自己是很不利的。其实不然，社会心理学家研究指出，适当地在别人面前表现比较脆弱的一面，基于人们"同情弱者"的心理，往往能够让人产生想接近的感觉。强者向人示弱，可以展示其博大胸襟，也不会让人觉得高不可攀，有助于收拢人心；弱者向人示弱，可以有助于积累自己的力量，使自己慢慢变得强大，以便有朝一日实现"不鸣则已，一鸣惊人"的梦想。

适当示弱，向别人寻求帮助，不仅能够得到别人的认同与尊重，还能维持人与人之间的关系，更重要的在于可以帮助自己解决难题、获得进步。这种示弱，是一种大智若愚的智慧。但要注意的是，示弱也要有一定的分寸。某些时候，过分谦虚、示弱，会引起别人的反感，对方会认为你的行为是对他的一种蔑视与伤害。示弱并不是要求你对别人卑躬屈膝、无端献媚，那样不仅不会得到别人的帮助，反而有可能会自取其辱。

在生活中，我们不必时时刻刻都像铜墙铁壁一般，既然我们生之为"人"，就应该在日常的为人处世中人性化一点。适当示弱，可以让别人产生优越感，让别人的人生价值得到肯定；也可以让我们适当地依靠别人的力量，帮助自己走出困境。适当示弱，是生活的智慧，也是做人的哲学。

处世箴言

　　人生浮沉难料，谁都会有需要别人帮助的时候。在需要的时候，不妨适当地示弱，这既能得到别人的帮助，又可以收获许多。向人示威，人人都会；向人示弱，却需要莫大的勇气。适当示弱，是一种勇敢的表现，也是一种处世智慧。

偶尔吃点小亏也无妨

常言道："吃亏决不亏，惜福才有福。"懂得吃亏、善于吃亏不仅不是愚昧的行为，还是一种大智的表现。一个人，只有愿意吃小亏，敢于吃小亏，而不是想着事事占便宜，那么日后才能够得大福；而那些时时处处都想着占便宜的人，到头来反而要吃大亏。我们都要谨记：吃亏是福。

常言道："一切皆有因果"，"种善因得善果"。人生一世，匆匆流转。那些勇于吃亏、愿意吃亏的人，命运总会给予其相应或者更多的回报；而那些总是喜欢占便宜的人，却得不到真正的便宜，到头来也不过竹篮打水一场空。"舍得，舍得，有舍才有得"，漫漫人生路，偶尔吃点小亏也并无大碍。要知道，失之东隅，收之桑榆，我们在这方面吃点小亏，焉知在其他方面不会有更大的收获呢？

庄子有云："人生天地之间，若白驹过隙，忽然而已。"大凡那些高瞻远瞩的人，都懂得吃亏是福的哲理，都敢于吃亏，因为他们心胸辽阔。他们知晓，人生短暂，如果把过多的精力放在吃亏之后的抱怨上，就会错过人生许多美丽的风景，也许还会鲜有作为。

孟尝君有一个门人叫冯谖，在自己穷困潦倒的时候被孟尝君收留，成为孟尝君的谋士，为孟尝君忠心效力。有一次，孟尝君要派人到封地薛邑去收租，冯谖自告奋勇前去收租。临走的时候。冯谖问孟尝君回来时需要买点什么东西，孟尝君思索一下，回答："你看家里缺什么就买点什么吧。"冯谖到达薛地以后，就把当地的民众召集到一起，对大家说："孟尝君知道大家生活困苦，所以特意派我来告诉大家，以前欠的债一笔勾销了。"民众面面相觑，都不敢相信，冯谖为使大家相信，就当着大家的面把契据烧掉了，民众十分高兴，一起大呼"孟尝君万岁"。

冯谖两手空空地回来了，孟尝君问都买什么回来了，冯谖回答："您曾说'家里缺什么就买什么'，我私下考虑您家里金银财帛很多，外面马房里也多的是猎犬、骏马，就连后庭也多有美女，您家里所缺的不过是'仁义'罢了，所以我就为您买了'仁义'回来。"孟尝君问："你是用什么买的？"冯谖回答："我把您的债款赏赐给薛地的民众了，并当面烧掉了契据，百姓大呼'万岁'，这就是我为您买'仁义'的方式。"孟尝君听后大为不悦，心想："你让我损失了那么多钱财，还说为我买什么"仁义"，哼！"此后，孟尝君对冯谖多有冷淡。

数年之后，齐王听信谗言，罢黜孟尝君，孟尝君只得逃回薛地。意外地，薛地的民众成群结队地出来迎接孟尝君。至此，孟尝君才领悟到冯谖所说的买的"仁义"是多么地有意义。

一时的吃亏、损失，并不算什么，往往还会在日后带来更大的收获，所谓"吃一时之亏，得一世之益"讲得就是这个道理。俗语说："因小失大。"如果只注重眼前的利益，一点亏都不肯吃，到头来往往会发现失去得更多。只见树木，不见森林，如果只盯住自己的脚下，就会撞到柱子，这样是成不了大事的。

左宗棠说："与人共事，要学吃亏。俗云'终身让路，不枉百步；终身让畔，不失一段'。"这是告诉我们，在人与人的相处中，要学会吃小亏，就如古语所言："终身给别人让路，就不会枉走百步路；终身给别人让田界，自己就不会失掉一大段田界。"也正如一位外国学者说的："会快乐生活的人，并不一味地争强好胜，他们在必要的时候，宁肯退后一步，做出必要的自我牺牲。"

"塞翁失马，焉知非福"的故事人人皆知，它告诉我们即使是看起来一无所取的"吃亏"，也有可能为人带来意想不到的收获。古时的圣贤，对于吃亏，有着独到的理解，在他们看来，"一切是为了更多福祉"。

如今，在现实生活中，很少有人能够真正明白"吃亏"的真谛。在大多数人的潜意识里，"自己"往往是至高无上的，往往都不愿意自己吃亏，所以才有了那些为了一己私利出卖朋友的人，才有了人与人之间的算计与阴谋。其实，这些人的眼光未免有些短浅，他们只是注重了眼前的利益，而忽略了长远的收获。正所谓"一叶障目，不见泰山"，正是因为他们平时一点小亏都不肯吃，只想着占便宜，也就注定在长远的以后，他们不会占到任何便宜，甚至会吃大亏。而只有那些敢于吃小亏、勇于吃小亏的人才是真正的智者，也只有他们才会是最终受益的人。

齐国的鲍叔牙与管仲是一对好朋友。年轻的时候，管仲的家里条件不是很好，又要奉养年迈的老母亲。鲍叔牙知道之后，就找管仲一起做生意，希望可以改善管仲家里的生活条件。最初，做生意的本钱都是鲍叔牙拿出来的，但赚钱的时候，却是管仲拿得比鲍叔牙还多。鲍叔牙的仆人看不过去，认为管仲是在占自己主人的便宜，鲍叔牙却对仆人说："不可以这么说。管仲家里本来就穷，还有老母亲要奉养，他多拿些也是应该的。"之后的几年，管仲与鲍叔牙一起去打仗，每次进攻的时候，管仲都会躲在队伍的最后面，大家都骂他贪生怕死。而鲍叔牙却为他开脱："你们都误会他了，他不是贪生怕死，他是要留着性命回去照顾自己的老母亲。"管仲曾感叹："生我者父母，知我者鲍叔牙！"

之后，公子小白当上齐国国君之后，决定重用鲍叔牙，但鲍叔牙却把机会让给了管仲，自己甘愿当管仲的下属。也正因此，在管仲受到重用之后，一方面把齐国治理得很好，另一方面鲍叔牙的世代子孙都在齐国吃俸禄，受到善待。

如果不是鲍叔牙早年在与管仲的交往中，处处"吃亏"，又怎么会换来管仲的信任与感激呢？如果二人都不肯吃亏，整日斤斤计较，那么不仅不会有日后的成就，二人之间的友谊也只怕早就破裂了。正因为鲍叔牙的"吃小亏"，才使二人收获了真挚的友谊，并成就了齐国的发展。可见，吃小亏，不正是为了更多的福祉吗？

老子有言："祸兮，福之所倚。"福祸、得失是可以相互转化的，有失必有得，而且往往会得到更多。我们总说"做人难，难做人"，其实，如果在相处中，人人都抱着"吃点小亏也无妨"的心态，那么情况就会变得不一样。让别人占一点自己的小便宜又怎样？自己失去了一点点，却能收获友谊，等到日后自己有了困难，就会得到朋友的帮助，这不就是自己"占大便宜"的时候了吗？

常言道："吃亏一事，得益十事；吃亏一时，安乐一世。"懂得吃亏、敢于吃亏需要一定的勇气，以及宽广的胸襟和气度。事实也向我们证明了，只有拥有宽广胸襟和气度、愿意吃小亏的人，才是最后的成功者。

初入社会的年轻人，往往心高气傲、年轻气盛，有时候会为了争一口气而与人发生冲突。其实，要想与人友好交往，成就自己的一番事业，就要学会吃亏。吃亏，是我们成长之路上一笔不可多得的财富，它让我们学会宽容，让我们懂得原谅，让我们变得更加聪明与睿智，让我们变得更加"富有"。

处世箴言

吃亏人常在，财去人安乐。一个人只有能吃亏、善于吃亏，才会平安无事，而且吃得小亏，日后收获才会更大。我们都要明白，吃亏，是为了自己的幸福。吃亏决不亏，惜福才有福。能吃亏的人，才能享受到真正的幸福。

说话不可说绝，要为自己留下余地

清代学者山阴金先生所著《格言联璧》中有这样一句格言："处事须留余地，责善切戒尽言。"也就是告诉我们，在日常的为人处世中，不论是与人交际，还是自己处事，都应该为自己留有一定的余地，不可把话说满、把事做绝。留有缓冲的余地，才可使自己进退有据。

兵法上讲，打仗时要讲究战略战术，进可攻，退可守，这样在战争开始之后，才能够保证既有牢固的后方补给，又能给对方以强有力的还击；既可以及时、迅速地撤回，又能使自己处于主动地位。战况难料，给自己留有余地，可进可退，虽然不能保证一定会战无不胜，但即使败了也不至于一败涂地。

做人也像打仗一样，要讲究方式方法，讲究技巧，尤其是在我们与别人的交际中。在说话的过程中，我们时时刻刻都要提醒自己，话不可以说得太绝，不可以说得太满，要为自己留一点回旋的余地。在说话之前，一定要经过深思熟虑。

《周易》中讲："日中则昃，月盈则食。"太阳到了正午就会偏西，月亮盈满就要亏缺。换言之，任何事情发展到一定程度之后，就会向其相反的方向转化。就像杯子已经注满了水，如果再往里倒就会溢出来；气球被灌满了气，如果再灌就会爆炸。人们在说话时，也是一样。如果说得太满，不但不会达到想要的效果，还有可能使事情朝着相反的方向发展，最终往往会让自己措手不及，以致无法应对。

古时候，楚国有个人在集市上既卖矛又卖盾。为了招徕顾客，尽快将自己的商品出手，他不惜夸大其词地高声吆喝、叫卖。他首先举起右手中的矛，向过往的行人大肆吹嘘："各位都来看啊！请看我右手上的长矛，它是经过千锤百炼打造出来的，矛头十分锋利，不论您用任何坚固的盾来抵挡都无济于事，都会被我的矛戳穿。"一番话，吸引了很多人围观。此人洋洋得意，又举起左手上的盾："诸位再看我左手上的盾，这可是用上好的材料锻造而成的好盾，质地特别坚固，任凭您用任何长矛也无法戳穿它。"众人听罢，嘘声一片。

此时，人群中有一个中年男人站出来，指着楚人的矛和盾说："你刚才说，你的矛锋利无比，无论什么盾都无法抵挡，而你的盾也坚固无比，无论什么矛都戳不穿，是吗？"那个人十分得意，回答："那当然。"那个中年男人思索一下，接着问："那么，如果我用你右手的矛，来戳你左手的盾，结果又将如何呢？"旁边围观的人纷纷叫好，也想见证一下到底是矛更锋利还是盾更坚固。楚人无言以对，只好赶紧收拾自己的矛和盾，灰溜溜地逃离了集市。

这个楚人就是因为把话说得太绝，才将自己陷入了尴尬的境地。要知道，戳无不穿的矛与戳不穿的盾是不可能并存于世的。因此，我们都应该以此"自相矛盾"的故事来警戒自己，无论是说话还是做事，都要为自己留下回旋的余地，不要将自己"赶尽杀绝"。

对此，美国前总统富兰克林深有体会，他曾说过："我用一张'言行约束检查表'来约束自己的言行。最初的时候，这张表上只列有十二项美德。后来，我的一位朋友告诉我，我有些骄傲，说这种骄傲经常出现于我跟别人的谈话中，往往使别人觉得我盛气凌人。我立刻就注意到朋友给我的忠告，并意识到这可能会影响我的前途，于是，我在表上特别列出了'虚心'一项，专门注意我所说的话。我竭力避免一切伤害别人情感的话，而且我禁止自己使用一切肯定的词句，比如'当然'、'一定'、'绝对'等，而是换用'也许'、'我想'等词汇。某些时候，说话和事业的关系，就类似于成功与失败的关系。如果出言不慎，说话太过绝对，就会把自己陷入难堪境地，或许也会伤害到别人，那么，你将失去别人的合作、别人的帮助、别人的赞赏，以及别人的支持。"

如果你够细心，在观看一些访谈类节目的时候，应该会注意到，大凡那些事业有成或懂得做人的人，在面对记者或主持人的提问时，都会避免一些绝对性的字眼出现，而是多用诸如"可能"、"尽量"、"或许"、"考虑"等非肯定的字眼。他们都明白，凡事无绝对，总会有意外出现的可能。如果自己一下子把话说死了，那么倘若真有意外出现，就会给自己带来难堪，对于自己的公众形象也会有所损害。

如果是朋友有求于你，对于别人的求助，你可以答应，但是要注意，如果你没有绝对的把握，就最好不要向朋友"保证"什么，而是应该换用一些"我尽力"、"我试试看，但不保证能成功"的字句。这样，用一些不确定的话语就可以相对降低朋友的期望值。假如你成功地帮助朋友解决了问题，他们会喜出望外，你自己也会因此而心情愉悦；假如你已经尽了全力却因为某些因素没能帮到朋友，他们会因为起初对你的期望值不是很高，而选择谅解你，甚至他们在看到你的努力之后，会更加肯定你的用心。

如果是在职场中，对于上司指派的工作也不宜把话说得太绝。诸如"保证没问题"的话最好避免，而是用"应该没问题，我全力以赴"来替代，这也是为了给自己留条后路。假如自己做不到，但你已经"全力以赴"了，是因为某些客观的原因才使得你功败垂成，而且由于你并没有向上司保证自己一定能够完成，所以，此时你一般不会受到上司的责骂与怪罪。相反，上司很可能由你的努力看到了你的用心，反而更加觉得你稳重、谨慎，也会更加信任你。

如果是与别人发生了冲突，更不宜口不择言，说一些恶意伤害别人的话。即使是亲密如牙齿与嘴唇，尚且还有牙齿咬到嘴唇的时候，更何况是人与人之间的交往。不是人人都可以洞察别人的心思，人与人之间发生争执在所难免。但是，在与别人的争吵中，不管谁对谁错，都不宜说出"势不两立"、"老死不相往来"等绝对性的话语，更不宜专挑对方的痛处"下嘴"。如果真是这样，即使以后双方都醒悟过来谁是谁非，想着去缓和一下彼此之间的关系，也会因为当初自己或对方说的一些话而耿耿于怀，于是人的本性中的"面子"问题就会上升，谁也不愿意首先低头认错，以致双方关系陷入僵局。

通常情况下，人们对于太过绝对的东西，会产生一种抗拒的心理。在某些时候，明明已经存在很多阻挠因素，如果你还是信誓旦旦地"保证"自己一定能够做到，那么，对方很可能就会对你产生怀疑——怀疑你的话，进而怀疑你的人。如果你不想很干脆地将自己"置于死地"，那么最好避免这种绝对化的行为出现。

　　饭吃半饱才有助于健康，酒至微醺才能体会到饮酒的快感。很多时候，我们说话也好，做事也罢，都需要为自己留下一点点空隙。生活中的"意外"总不可避免，说话、做事为自己留有余地，就是为了容纳这个"意外"。就像两车之间要保持安全距离，要有缓冲的空间一样，如此才能做到及时调整，做到进退自如，才能避免事故的发生。为人处世中，话不宜说满，事不宜做绝，要懂得收放自如，唯有这样，才能让自己立于不败之地。

处世箴言

　　月满则亏，水满则溢。话说得太绝，就有可能将自己陷入窘境，也会给别人带来伤害。在日常的为人处世中，我们都应该记得，不宜把话说得太绝，要给自己留有回旋的余地，方可在人际交往中进退有据、游刃有余。

即使拒绝，也要给对方铺好台阶

朱熹说："凡事当留余地。"这是要我们明白，在为人处世当中，不仅对自己要留有回旋的余地，对别人也是如此。尤其是在不得不拒绝别人的时候，更应该讲究技巧，为对方留面子，给对方铺好台阶。只有如此，才不至于伤害别人，甚至破坏自己的人际关系。

社会是纷繁复杂的，身处其中的我们，很多时候都会有很多无奈。生活当中总是不乏拒绝与否定，每个人或多或少都会遇到一些自己不能做或不愿意做的事情，但是碍于情面，又不方便直接拒绝。在给予别人拒绝与否定的时候，很可能会给对方带来情感上的伤害，甚至会影响到彼此之间的友好关系，所以，拒绝其实是一门艺术，也是一门学问。掌握了拒绝别人的艺术之后，就可以在同样的情况出现时，很好地进行处理，就不至于使自己与别人都陷入两难的境地。

春节晚会上曾经有过一个小品，叫《有事您说话》，讲述的是一个小职员为了怕别人看不起自己，就把自己"武装"得十分能干，还总是假装自己的人际关系非常广泛。无论是谁求他办事，不管有多大的困难，他都一一应允。为了帮别人买两张卧铺票，不惜亲自通宵排队，结果不仅害苦了自己，还闹出了许多笑话。

虽然只是个小品，但是在我们的周围，也有很多与小品中相似的人。他们常常很热心，非常看重自己的面子，生怕拒绝别人会让别人瞧不起或伤害朋友的感情。往往别人有事情的时候，他们一句"有事您说话"就把所有的事情大包大揽过来，扛在自己的肩上。结果往往是浪费了自己的时间与精力，有时候还会吃力不讨好。

其实何必呢？每个人的能力都是有限的，不是所有的事情都能包揽到自己的身上，必要的时候也要学会拒绝，要学会对别人说"不"。社会心理学家研究发现，不会说"不"的人，其实是人际交往中心理脆弱的表现，也是一个人不成熟的表现。懂得拒绝别人，也是为人处世的艺术。在拒绝别人的时候，要注意言辞态度，要注意方式方法，要给被拒绝的人铺好台阶，给对方留有余地，这样才不至于引起彼此之间的摩擦乃至敌意。

三国时期，华歆本在孙权帐下谋事，曹操听其名声之后，便以皇帝的名义下诏召华歆进京。华歆启程的时候，亲朋好友多达千人来为其送行，并赠送几百两黄金与礼物。华歆乃清廉正直之士，本不想接受这些钱财礼物，但是又考虑到如果当面谢绝的话肯定会让亲朋大失所望、败兴而归，难免伤害彼此之间的感情。于是，华歆就来者不拒，所有的钱财与礼物通通收下，但是却让家丁在每份礼物的后面标上送礼人的名字，以便来日可以"完璧归赵"。

华歆在自家设宴招待众多亲朋好友，酒宴即将结束之际，华歆站

起来对诸位亲朋说："承蒙大家的厚爱，没想到我会收到这么多贵重的礼物。本来我是不应该拒绝大家的好意的，但是匹夫无罪，怀璧其罪。请大家为我想一想，我单车远行，舟车劳顿，如果随身携带如此多的贵重之物，是不是有点太危险了呢？所以，为了我的安危考虑，请大家还是把礼物收回去吧。"

众位亲朋都听出了华歆的言下之意，知道他并不愿意接受礼物，但又不当面拒绝，也给了大家一个台阶下，保全了大家的面子，对华歆也生出一种由衷的敬意，便各自将礼物取回。

《三国志》的作者陈寿评价华歆"清纯素德"，足见华歆深谙做人之道，也深谙拒绝之理。试想，如果华歆声色俱厉地将每个送礼之人都斥责一番，不仅当面拒绝别人的礼物，还心怀疑虑，仔细盘问对方有何目的，也许那顿酒宴也就不复存在了，华歆与众人的关系毫无疑问也会彻底破裂。

每个人都有自尊心，任何人如果被别人当面严厉拒绝都会觉得难堪、尴尬。己所不欲，勿施于人。既然我们自己面子上会过不去、心里会不舒服，那么我们在拒绝他人的时候，就要考虑一下对方的感受，就应该注意用委婉的方式，不要伤害到别人的自尊与感情。我们都要明白，今日你给对方留方寸之地，明日对方也许就会给你留一条宽阔大道。

拒绝是一门艺术，能够体现一个人的品德与修养，懂得巧妙地拒绝对方，不只不会让对方难堪，还会让对方在你的拒绝当中感受到善意与友好。拒绝的艺术就在于，你对别人说"不"的同时，还能给对方铺好台阶、留好面子。

19世纪的英国首相狄斯雷利就十分通晓拒绝的艺术。在当时，有一个军官屡次请求狄斯雷利加封他为男爵。狄斯雷利知道此人才能超群，也很想跟他搞好关系，但是这位军官的条件确实不够，而且他也明白，如果直接拒绝会让军官很难堪，对自己的政途也毫无帮助。几经思索，狄斯雷利在一天将这位军官单独请到自己的办公室，对他说："亲爱的朋友，很抱歉我不能加封你为男爵，但是我可以用一件更好的东西来弥补。"接着，狄斯雷利放低声音对他说："我会告诉所有人，我多次要加封你为男爵，但是都被你拒绝了。"

消息一经传出，民众都称赞这位军官谦虚无私、淡泊名利，对他的礼遇和敬意也远远超过任何一位男爵。军官十分感激狄斯雷利，在以后的日子里，他成为狄斯雷利最坚实的伙伴与军事后盾。

首相狄斯雷利是聪明的，其实他明白军官要的并不只是男爵的封号，而是封号背后更大的荣耀。正是因为他的聪明，他才没有直接拒绝军官的要求，这既给足了军官面子，又不致因自己决策不当失去一个伙伴与朋友。

我们很多人都认为，拒绝别人是对感情的伤害，也不利于自己的人际交往。其实不然，巧妙的拒绝，不仅不会伤害到彼此之间的感情，反而可以让对方感受到你的真诚，从而更乐意与你交往。我们都应该明白，"当断不断，反受其乱"，如果在拒绝别人的过程中，唯唯诺诺、吞吞吐吐，只会让对方觉得你是在故意敷衍，对人际关系的维持反而不好。

在对方提出要求之后，经过自己的思索，觉得这个要求对自己来说确实很为难，就应该坦然地拒绝对方。假如对方是自尊心很强的人，那么太过直接的拒绝肯定会使对方下不来台。不妨仔细听完对方的话之后，引用对方的原话来"不肯定"他的要求，而不是彻底"否定"。这样给对方铺好台阶，他在"下台阶"的时候就不至于觉得尴尬或难堪，就不至于因此迁怒于你。你在给他留足面子之时，他也能体会到你的良苦用心，也就不会为难你了。

在生活当中，我们每个人都应该有接纳和宽容别人的心胸与肚量。但生活中往往也会有很多"不情之请"，在这些要求超出自己的能力范围时，就应该勇敢、得体地说"不"。拒绝是一门艺术，说起来轻松做起来却绝非易事。我们在必须拒绝别人的时候，既要把"不"说出口，还应该给对方留足面子，以赢得对方的理解和体谅。拒绝的艺术，比我们想象的要复杂得多，不是一朝一夕就可以完全掌握的，我们都需要在生活的历练中，慢慢地总结，慢慢地提升自己。

处世箴言

与人交往，既要保持原则，又要考虑人情。当自己对别人的要求无能为力时，就要适当拒绝。拒绝是一门艺术，在拒绝别人的时候要做到拒而不"绝"，为对方铺好台阶、留有余地，就不至于让双方都陷入两难境地。

正视得与失，但不可患得患失

俗话说得好："醒着的时候，有得有失；睡着的时候，有失有得。"人生之事本就来去无常，得失也无常，我们都应该坦然面对人生中的得与失，得到的时候要懂得珍惜，失去的时候也不必太过在意。如果不能以淡然的心态去面对得失，就有可能走入极端，就会得不偿失。

生活就像是一架天平，得失就像是砝码，大多时候都是此重彼轻或此轻彼重。有得就会有失，有失也必会有得，得与失总是存在于我们生活的方方面面，我们无法避免，只有坦然面对。

在我们的周围，总是有这样的一些人，他们十分重视个人的得与失。他们在做任何事情之前，都会反复思量、再三思考，力争把方方面面都考虑周全，即使做完某些事情，也会担心效果怎样，担心别人会怎么看自己。其实何必呢，凡事只要尽心了，又何必去在意结果如何。过分在意得失，只会让自己的内心得不到平静，长此以往，就会把自己逼入极端的痛苦的境地。

患得患失，是指在日常的生活中，未得到的担心得不到，得到了又担心会失去，过分地看重个人的得失，从而钻入思想的牛角尖。

经常患得患失的人，会为了达到自己的目的，不择手段地打击或排斥别人，无所不用其极；经常患得患失的人，在心理上总会比别人承受更大的压力，精神也经常处于紧张状态，他们往往会具有很强的功利心，而且还会以自己极端的想法去猜度别人，这种人的人际关系往往不会太和谐。

现今社会，随着经济节奏的加快，人与人之间的竞争也在加剧，患得患失的人也越来越多。患得患失，是人们精神上的沉重枷锁，它让人们越来越谨小慎微，越来越不能从容不迫；它让人们什么都不想失去，什么都不想放弃，最终反而会什么都得不到。我们都应该以坦然的心态去看待世间的一切，我们都该明白，在得到的时候可能会伴随着失去，而在失去之后也可能会带来更大的收获。

据说，荆山的鹿脐十分珍贵，人人都想得到。当时，在荆山山脚有个捕鹿者，他紧紧追赶一只鹿不放。鹿被追得急了，只好把身上的肚脐挤出来，扔到树林里。捕鹿者得到鹿脐之后，就不再追赶了，鹿，也因此逃脱了。这只鹿其实是明智的，如果它舍不得自己的肚脐，那么就有可能失去自己的生命。肚脐之于生命，犹如鱼之于熊掌，在两者不可兼得的情况下，如何取舍再明白不过。

大千世界，芸芸众生，有多少人总是在想着紧紧抓住一切，但是又有多少人能够真正拥有一切。正如刺猬，拥有一身的刺，虽然可以保护自己不受外界伤害，得到了安全，但是相对的，也失去了彼此拥抱取暖的机会。我们人也是一样，如果过分地看重个人的得失，就会失去朋友的真心以及自己的快乐。

有这样一位老太太，不管是晴天还是雨天，她都会愁眉不展、痛哭流涕，让周围的邻居都十分不解。终于有一天，一位新搬来的邻居问她："您为什么总是不开心呢？"她说："我大儿子是卖雨鞋的，二儿子是卖太阳帽的。晴天的时候，我就担心大儿子的雨鞋卖不出去；雨天的时候，就担心二儿子的太阳帽生意不好。你说我怎么会开心呢？"那位邻居听了之后，就对她说："也许您可以改变一下自己的想法啊！晴天的时候，您就该为二儿子高兴，他的太阳帽肯定会卖得多；雨天的时候，就为大儿子开心，他的雨鞋也会卖得很好。这样，每天不是都能开开心心了吗？"老太太听了邻居的话之后，果然每天都过得很开心。

在我们的周围，也有很多像老太太一样的人，总是会从一个角度看待得失，结果就只能让自己走入极端，总觉得整个人生都不如意。假如我们都能像这位邻居一样，灵活地转变自己看问题的角度，坦然面对人生中的得与失，那么，不就可以避免走入极端了吗？不就可以尽情享受生命中的阳光了吗？

鲁迅说过："拿得起是一种勇气，放得下是一种豁达。"我们都应该让自己拥有这种勇气与豁达，得到的时候，不宜过分得意，须知乐极易生悲；失去的时候，也不必茫然失措，须知有失必有得。不论是得还是失，都不要让自己以极端的心情去面对，否则就会让自己变得斤斤计较，失去这种豁达与快乐。

现代社会瞬息万变，没有人可以预料到下一秒会发生什么，如果你只是一味地沉浸在得到的快乐之中，或是一味沉湎于失去的悲伤之中，那么你将会错过人生旅途中很多美丽的风景。就如黑暗与黎明交界之际，如果你只是沉湎于星辰消逝的失落中，那么你就会错过旭日初升的壮丽美景。

《易经》中讲："穷则变，变则通，通则久。"这是告诉我们要具有聪敏灵活的头脑，随机应变的能力，不执著于某一次小小的得失，不患得患失，这样才会避免出现极端的想法，才会在成功的道路上越走越稳、越走越远。

漫漫人生路，路上既会有平坦的大道，也会有崎岖的小路；既有"山重水复疑无路"的困扰，也有"柳暗花明又一村"的释然。不论何人，不论何时，在面对人生路上的风景的时候，我们都应该有坦然、淡然、释然的心态，平淡地看待生命中的得与失，灵活应对人生路上的每一次波折。

不论是谁，都会有面临得失的时候，都会有需要作出抉择的时候。我们的人生，也正是因为有这些得失无常，才会更加丰富多彩。在成长的道路上，我们都应该"得不骄，失不馁"，得到的时候淡然，失去的时候释然。

处世箴言

人生常会有得失，得到的时候要懂得珍惜，而不是极度兴奋；失去的时候也不必无所适从，而是坦然面对。把得失看得淡一点，就能避免自己走入极端，就不至于因为一时的得失，错过人生路上更多美丽的风景。